她們的時代

民國女子訪談錄

明鳳英 著

作者序

歲月把父輩的一九四九年越送越遠。

望著那一代人漸行漸遠的身影，我有追上去多看一眼，多聽一個故事的衝動。師長父輩中，有不少生於二、三十年代的大陸，於一九四九年前後，遷移到臺灣來的「知識分子」。在我心目中，他們是所謂的「民國人」。經過戰亂，逃難，遷徙，身上有一種叫「學識」和「風骨」東西。

我在他們身上，學到許許多多，自認一生受用。那是一個漸行漸遠的年代。我輩中人，也許再也找不到跟「他們」一樣的人了吧。

儘管對「民國父輩」有著懷舊和感激，但通俗小說和電影裡，「民國」卻似乎一直與腐敗，軍閥、大小姐、上海灘的話題掛鉤，與「黑幕」二字不可分割。比如張恨水的小說、阮玲玉的電影。

更有趣的是：八〇年代初，我在美國校園裡，結識了一群大陸青英。他們是曾經革命串連，「上山下鄉修補地球」的一代。大家成了好朋友，他們屢屢開我玩笑，稱呼我為

「民國人」。原因不過是：民國人有禮貌，常說「謝謝」、「對不起」。

「民國」到底是怎麼回事兒？我的父輩師長們，是從哪裡得了那些叫我喜歡的「樣子」呢？

於是有了這本訪談集。

我找到一九四九年前後，渡海來臺的幾位女性文壇前輩，請她們告訴我「她們的時代」。在那個叫「民國」的歲月裡，什麼才是「重要的」？

齊邦媛老師把「文化深度」喻為「潭深無波」。林文月老師，把「望月樓的月亮」（她在校園中的名號）定調為「實實在在過生活」。坐過十年冤獄的作家黃美之，願此生歲月「不與紅塵結怨」。爽氣豁達的專欄作家薇薇夫人（樂茝軍）以「靜靜拿起一本書」面對人生低谷。余光中師母（范我存）把「妥協的藝術」視為婚姻的必要，稱其為：「一加一的民主，一加一的自由」。我也問張曉風老師，為什麼給自己取個筆名叫「桑科」。她說，「那是唐吉訶德侍從的名字，當不了唐吉訶德，也要當他的侍從。要盡力讓人知道，臺灣這些人是好樣的。」

最近，看了一部電影，叫《愛爾蘭人》。講的是半世紀前美國工會，幫派勢力，與政治之間真人真事的故事。片子足斤足兩三小時，裡三層外三層，剝洋蔥一樣慢慢講著一個漸漸遠去的年代，人和人間的情分，糾葛，和決絕。演員個個經典，舉世皆知的音容笑貌。

這部電影，有人喝倒彩，有人大讚。不喜歡的人認為：太慢，演員不對，節拍不對，怎麼怎麼地不對勁。對他們來說，電影就是電影，成敗論英雄。但對喜歡的人來說，卻完全不是那回事。因為這是部電影，卻也不只是一部電影。他們親身走過電影中這一段「漸行漸遠」的美國歷史，跟著這幾位經典演員以前的每一部電影長大。他們是電影中，也是電影外的「那個時代」的一部分。成就片裡片外，雙重的「漸行漸遠」和懷舊。怎是好壞成敗說得清的？

對我來說，這個訪談集也是如此。

二〇一九、十二、十六

目次

齊邦媛

淳深無波《巨流河》

齊邦媛，臺灣學者，作家，兼及編譯、評論。一九二四年生於遼寧省鐵嶺縣，一九四七年到臺灣。致力引介英美文學到臺灣，並將臺灣文學英譯推介到西方世界。曾主編筆會（THE TAIPEI CHINESE PEN）季刊《當代臺灣文學英譯》（A Quarterly Journal of Contemporary Chinese Literature from Taiwan），及《臺灣現代華語文學》（Modern Chinese Literature from Taiwan），積極推動臺灣代表性文學作品。也曾著力國文教科書改革，剔除政治色彩濃厚的文章。臺灣作家楊逵，黃春明等的作品因她奔走得以選入中學教科書。著作包括編選、翻譯、文學評論，散文等作品多種。創作作品包括：《巨流河》、《一生中的一天》、《洄瀾：相逢巨流河》；評論：《千年之淚》、《霧漸漸散的時候》，編有《中英對照讀臺灣小說》、《最後的黃埔：老兵與離散的故事》、《吳魯芹散文選》等。

二〇一二年春天，經由哈佛大學王德威老師引見，聯繫上齊邦媛教授。同年七月，我在臺北天母見到了久聞其名的「永遠的齊老師」。前後五次造訪，得以完成訪談。

見到齊老師，有一份莫名的激動。她讓我想起我的小學啟蒙師「達老師」。她們身上都有一種特別的風骨、寬容、和無私。

齊老師說起話來有「跑野馬」的風采，帶著我脫韁奔跑。五次訪談，時間都過得飛快，幾個小時過去，天色暗下，依然還沒談完。

她告訴我，「大陸上有位記者來訪問我，最後說，這齊老太太可好玩了，說話像跑野馬，跑著跑著不知跑哪兒去了，但最後自己會繞回來。我講話跑野馬，但我教書從來不跑野馬。我最重視專注和重點：focus。」

幾次訪談結束，我陪齊老師在住處樓下小花園走走。這時，我和齊老師挽著手，像小姐妹放學走在回家的路上，非常隨性愜意。有時，齊老師會偷天換日，換成她「訪談」我，問題還頗辛辣：妳覺得妳的論文指導老師，怎麼樣？在國外待那麼些年，不膩味嗎？妳說，這個時代是怎麼了，是不是有病？

齊老師的訪談功夫，果然有「重點」，一點也不「跑野馬」。

除了招待點心茶水，齊老師堅持請吃飯。五次見面，居然請了兩次。還都是正式晚飯。

【偕同專訪】臺灣師範大學華語測驗委員會趙家璧小姐，為《東亞歷史漫遊套書》（聯經出版）共同作者。

巨流河

二〇一〇年，您在《巨流河》的發表會上說：「這本書是要紀念一個有骨氣的中國。那個中國很倒楣，但是很有骨氣。」這句話很觸動我。

我想我是一個公平的人。我喜歡說真話，但是，真話往往是別人所不想聽的。

我覺得這個世界上，天地之間的悲憫還是很少，還有很多不平的事情發生。當年抗戰的時候，那些為國家犧牲付出的人中，有很多都是國民黨員。四九年以後，國民黨打敗了，那些為抗日付出過的人，便成了爭奪者和政治意識的犧牲品，他們甚至連談犧牲的資格都沒有。他們的付出失去了價值，國家與民族也不曾照顧他們。這是時代的悲哀。我不能為他們做些什麼，就算為他們說句話也好。但是，當《巨流河》在大陸出版時，有些國民黨參加抗日的章節還是被刪掉了。

《巨流河》在大陸重印，我希望一定要寫上「生者默默，死者無言」這幾句話。我要為這些人說一句話。這句話也許看來沒什麼，但了解的人看到了，至少知道我在說什麼。如果看了還是不懂，那我也沒有辦法，但這句話必須在二版中出現，不然我會拒絕繼續印行。這個世界上，總有人要說出真話，持平而理性地說話。

您在一次訪談裡談到，沒有想到《巨流河》的反響會這麼大。您也提到自己可能跟時代有些脫節。這裡為您帶來兩封信，是兩個美國長大的華裔學生，在加州理工學院的課上看了您的書以後，寫給您的信。給您做個紀念，或許您會了解為什麼年輕人喜歡您的書吧。

啊，這麼長的信，有五頁。在美國長大的孩子能看懂這樣的書？他們這麼小，大概跟我的孫子差不多年紀。

我對我的書並不滿意，自己知道寫得像流水帳。有人說我的書，前半好看，後半不好看。我的書後半寫臺灣的事情，是不是寫得太多了？但是，我那些老朋友老學生們說，你要多寫一點我們臺中一中的事情，臺大，編教科書，辦筆會季刊，和臺灣文學的事情。我在臺灣六十多年，他們給我找了好多資料，讓我寫。我不能辜負他們啊。一件事一件事地寫下來，似水流年，真寫得像流水帳。我知道不好，本來我想多用些文學技巧，但日落西山，實在不敢逗留，也許因此更多真情和誠懇。我想，一定有人可以寫得比我好，不用我寫。但等了這麼些年，一直很少人把這些故事好好地寫出來。我想好吧，那我就寫吧。

當年，我跟聯合報副刊主編瘂弦一起在《聯合報》副刊上，辦過「抗戰文學徵文」。抗戰時期，很多人都有驚心動魄的故事，那些徵文作品裡也有不少切身動人的經歷，比如參加過哪場戰役，經歷過怎樣的生活等等，但是都還是比較片斷，沒有寫出那個時代大的，全面的圖景。

《巨流河》出來以後，臺灣有人在報紙上寫社論，說，這些「流亡作家」都紛紛出書了，講述他們在臺灣「流亡」的經歷。號召「臺灣作家」要加緊努力，不要讓臺灣的事都讓「流亡作家」給說掉了。我心裡想，我二十幾歲就到臺灣，現在已經八十七歲了，在這個島上生活了六十多年，難道現在還是個「流亡的」嗎？如果一個人在一個地方生活了六十多年，把一生的努力奉獻給這個地方，還是不能算這個地方的人，那該怎麼辦？你說那該怎麼辦？真是很難過的事。這對我寫此書的心情，影響很大。

讀者的來信中，您印象比較深的有哪些？

在書出了之後，很多人都想知道更多跟張大飛有關的事情。也有知名的電影導演找過我，想拍這段故事。

但我不希望張大飛被拍成「熱鬧」的電影。那時我們都很年輕，我最後一次看見張大飛，是高中三年級那年。那個時代的感情，家庭的因素，大環境的因素，都和現代人的理解是不同的。你想，我的父母那麼照顧他，把他當自己的孩子。他對我的父母是有責任的。他在天上飛了三年，我母親和我也為他懸心、擔憂了三年。而且也不太能跟人說。他打了三年硬仗，戰功不少，都沒被打下來，很厲害，最後是被地上的高射炮打下來的。他以身殉國，我必須替他維持軍人的尊嚴，不能讓他受到褻瀆，變成一件熱鬧的事情。

現在，我似乎必須寫一本叫《迴響》的「長信」。《巨流河》出版以後，很多人來信，寫評論，訪問我，我欠這些人很多回答。

您曾說自己不久將回歸天地，留下《巨流河》一書，為戰亂中的兩代人做個見證。請容我冒昧請問，您希望自己怎麼被人們記憶呢？

我的人生原則是，不抱怨，不訴苦，自己的人生不需要不斷地向別人解釋，這樣太辛苦了，也沒有具體的意義。不論在什麼環境裡，我都會竭盡所能，毫不抱怨地，把事情做好。只要自己了解自己的選擇，無愧於心才是最重要。人應當將自己的心力投注在更有意義的事情上，而不是重複地向他人說明自己的選擇如何地好，如何地正確，同時人也儘量不要做一些讓自己一輩子都需要不斷地向別人解釋的決定。太浪費生命了。

我長大的那個時代，有很多父親以現代的標準，可能算不上是好父親。他們在外面奔波的時間太多。我父親跟我們在一起的時間也很少，但我很佩服父親，他的一生在家裡和在外面都是一樣的面孔，一樣的人格。這是不容易的。作父母，就要留下一些話，一些言行身教，讓兒女這樣記著你，讓兒女有一個榜樣。我也希望為後人留下一個「標杆」，讓他們知道前人曾經是這樣努力、真誠地生活的。

臺灣經驗

您一九四七年到臺灣大學任助教工作時，國民黨還沒有正式遷到臺灣。那時候的臺灣社會是什麼樣子呢？你曾提到在臺灣大學單身宿舍裡，聽見日本歌《荒城之月》。

我剛來臺灣的時候，臺灣什麼都沒有，很簡陋的。臺灣是邊陲之地，一般人不是有特別的原因或者淵源，比如有家屬在臺灣，或者有認識的人引路等等，是不會來的。但也有一些年輕人考進政府機關工作，分發到臺灣，做管理、技術、地政、戶政方面的工作，教書傳承，尊重關懷。最多還是來臺灣教書的吧。

外省人和本省人之間的了解，很多是經由師生，或者通婚的關係。早年到臺灣的這些人，尤其是當中、小學老師的人，對臺灣有很大的影響。李喬的《寒夜三部曲》裡，就寫到這些。他的中文根基，是一個流落山裡的老兵教他的。李喬、鍾肇政這些作者都是如此。

我一九四七年到臺灣不是為了逃難，而是為了工作，到臺大做助教。到臺灣來幾乎像是自我放逐，同學之間說起來，都覺得我很奇怪，有點不可思議。那時候，中國大陸這方面已經算是很進步了，也有了制度。收復臺灣以後，就有一批搞基礎建設的人過來了。也有一群有熱情的人，單純地為建設臺灣感到驕傲和自豪。我的先生是考上經濟部工程隊，一九四六年由政府分發到臺灣來做鐵路、工路工程的。他們的領隊是嚴家淦先生。一九四六年登陸時，似乎是嚴先生在前面拿一面小旗子，後面跟著他們五十來個年輕人，就這樣來了臺灣。誰也沒想到以後回不去。

一九四七年，「二二八事件」那時候，在對立的情況下，聽說也死了五、六千個外省人。很多就是這些早期在臺灣鄉鎮工作的政府人員，但他們被記下來的不多。主要的原因可能是他們隻身到臺灣，在臺灣沒有親人，也沒有人知道他們的生死。

臺灣大學也很簡陋。我一九四九年到臺灣大學英文系當助教，工作是整理書籍。英文系兩間屋子，差不多一個大客廳那麼大，地上全擺滿了書，都是日本人留下來的，走路都在書間，像走在海裡。絕對是難忘的景象。我們外文系的一個工友小妹告訴我，外文系有些日本人穿著短褲，一面罵一面哭，跑進來把書丟下就往回跑，趕著搭船回日本。他們回日本，只能帶兩個小小的行李箱，就上船了，很可憐的。但是我很高興，因為我喜歡書。

我進那兩間屋子，已經是日本人戰敗兩年之後了，臺灣大學裡還有兩個日本教員留下來，勉強把外文系的課程維持下去。那一、兩年的時間，我看見過他們，但是從來沒說過話，他們從不到系辦公室來，我也不認識他們。我想他們的名字在臺大的教員名冊裡應該還有的。

日本人離開臺灣的過程，並不是臺灣拍的《海角七號》那麼簡單，那麼輕描淡寫地說走了就走了。日本人回國是很漫長的過程，也有上百萬的人吧。我們這方面也要慢慢安排，那時很多日本人都默默地留在臺北，默默地繼續待著。

臺北市當年繁華的商業區榮町是今日的衡陽街邊，騎樓下面常常滿滿一排日本人跪在地上，擺出家裡的家當來賣，杯子盤子，日用物品什麼的。他們不是中國人的跪法，就是日本平常那樣跪坐在地上。可是那時候我還是很恨日本人。看見他們跪在地上，我心裡有時還是很高興的。

日本人戰敗了，中國人也沒有怎麼對他們不好。日本人離開之前，無論在臺灣還是在中國大陸，很少有人給日本人難看的，也沒有怎麼羞辱他們。東北人說，「殺人不過頭點地」，不羞辱人。我覺得這是中國人的天性，很善良。中國人就是這樣。

從大陸到臺灣的年輕知識分子，當時都怎麼過日子？年輕人能有什麼娛樂嗎？

其實我每天接觸的就是那六、七個人，跟外界沒有什麼往來。年輕人沒有什麼娛樂，有的話就是打橋牌。看書學著打，各有學派哩。

我跟臺灣知識分子也沒有什麼來往。我的圈子很小的，就是工作，幾個同學，兩、三個家庭。

不少遷臺人士把臺灣看作暫留之地，不願置產，一有機會就移民到國外去。

我們在臺灣沒有買房子，一直住公家房子。為什麼不買房子呢，因為覺得以後一定會回去，不需要買房子。現在想來，還是很遺憾。

那時候，我小妹妹早已去了美國，要幫我們申請去美國。我也想去那兒讀書工作，但是我先生說他喜歡他在臺灣建設鐵路的工作。他的工作很有技術性，挑戰性，不想放棄。要去，就是我帶著孩子去，他不去。他這樣說，我就懂了。我父親也說，他現在為百廢待舉的臺灣鐵路做事，可以深入研究，發揮一個工程師的創意和理想。而你只想讀書和教書，到任何不錯的學校，都可以靠自己奮鬥。我自己也想，真去了美國，我所做的也有限。因此，我以後沒有再提起過。

我半生工作，全隨丈夫的工作，作去留的決定，從不抱怨。我尊重他的理想。這是傳統女性的婚姻觀。

臺灣文學

很多人說您是「臺灣文學的推手」。您一九七二年開始就推動臺灣文學作品的譯介工作，著力把臺灣文學引介到西方世界。也曾一手促成一九七五年，西雅圖華盛頓大學出版社的英譯《中國現代文學選集》（An Anthology of Contemporary Chinese Literature），選錄一九七九年至一九七四年在臺灣出版的現代詩、散文及短篇小說。您在一九九二年從臺灣大學退休以後，更不記酬勞地接任臺灣《筆會》的翻譯刊物，《當代臺灣文學英譯》（The Taipei Chinese Pen: A Quarterly Journal of Contemporary Chinese Literature from Taiwan）主編，將臺灣當代文學英譯推介到國際。一九九六年參與美國哥倫比亞大學出版社的《臺灣現代華語文學》（Modern Chinese Literature from Taiwan）英譯計畫，為臺灣文學發聲。您早年跟許多文學大家念過書，熟讀世界文壇巨著，中國詩詞，和現代中國作品。當年在臺灣做這項工作，對「邊陲地區」的文學有過品質上的質疑嗎？

對臺灣的文學作品，我從來沒有懷疑過。我覺得他們的品質是一流的，不輸給世界上其他國家的文學作品。我自信知道什麼是好作品。臺灣一九四九年到臺灣各省作家原已有文學寫作的能力，以錐心泣血的鄉愁為主題，內容自然深沉，起步較高。我把這些臺灣作家的作品翻譯出來，推薦給世界讀者，從來沒有感到心虛或者不足，也從來沒有懷疑過。

華盛頓大學出版社的英譯《中國現代文學選集》受到美國學界的肯定，對這樣的翻譯品質，我一直到現在都感到驕傲、自信。可惜，這本選集其實卻是臺灣作家的作品。七〇年代，沒有「臺灣文學」這樣的詞彙。如今因為兩岸這些年來，社會和政治上的變動，這本翻譯卡在政治的夾縫裡，如今幾乎是一本「海上漂浮」的版本，大陸不承認它是中國文學，臺灣看它標明「中國現代文學」，也不承認它是中國文學。

這本《中國現代文學選集》的英譯本，現在還在「海上漂流」。一九七〇年代以前，「臺灣文學」這個概念還不存在，用中文所寫的即是中國文學。那時，大陸封閉著，臺灣是視窗。此書捲入這麼大的政治爭端，不知將來何日可以定位。

深度文化

您曾經提到憂心臺灣的未來，擔心臺灣會從世界的人文地圖上消失。您說「臺灣文化一定要深度發展」，而且「需要一代傳一代，人數也需要稍微多一點」。這是您多年來對臺灣社會的媚俗文化，有感而發嗎？臺灣文化「深度化」的面向可能是怎麼樣的？文化的「深度」又是什麼？

什麼是「深度」？這是個千言萬語，一輩子也說不完的境界。有時我想，深度是Still water runs deep。

也有人說「靜水深流」。

是的，我看了很多的翻譯，還是覺得還是「潭深無波」最好。

我覺得一個人如果懂得歷史、文化、世界、人生的多重面向，就是深度。知道別人努力的事情，懂得他們為什麼那樣做，就是深度。

能舉些例子來談嗎？

我是個教員，教書的時候，總先要求學生讀文學作品，要先培養「深度」。第一是觀察力。不僅是「觀察」observation，更需要深入穿透的洞察力，用英文說是penetration「透視力」，在文字和敘述的後面，看到更多的意義。甚至有時在回家的路上，想一想它的意義。多年後，所讀所想仍會躍上心頭，重新開啟新的思索。這就是作家和讀者雙方的深度吧。人類文學史上的永恆作品就是這麼存在的。這種深入和穿透的能力，有些是天生的慧根（gift），有些是後天的歷練。慧根也不全是生而顯露，一出生就看得出來的。有些是後來才發現的，也有些因為環境的因素沒有繼續下去，比如沒法讀書，天分埋藏在永無止境的現實忙碌中。那也沒有辦法。

另一個深入文學作品的要素，是「聯想」。這種聯想，常是靠天生的豐富的想像力，但更多是靠多讀書。對真正的讀者來說，讀書好似探險，必須有很強的好奇心，是快樂，而非恐怖的。聯想也是件很有趣的事，好似跑野馬，但如果記得自己的紮營之處，跑了，看了，也許明白了，自己會回營的。

七〇年代初，我教書的時候，常把不同的文學作品相提並論，用比較的方法跟學生討論問題。讓學生多想想。這些文學作品觸及不同的價值層面，作品的目的、境界都大不相同。

比如，人類總在現在和過去之間，覺得迷惘，甚至覺得現在的世界糟透了，從前的比較好。這個問題，英國詩人馬修亞諾（Matthew Arnold, 1822-1888）在〈寫予雄偉的卡爾特寺院的詩章〉（Stanzas from the Grande Chartreuse）這首詩裡寫到過。捕捉到英國十九世紀中葉，經濟發展，社會主義興起，科學文明發達社會裡，人類面臨的處境，和背後潛藏的焦慮暗流。認為人的安適和快樂只能往內心尋照，對外在事物的期待，只能帶來更多的掙扎和浮動。「彷徨在兩個世界之間，一個已經死去，另一個無力誕生。無處安置心神，且在大地孤寂等待。」（Wandering between two worlds, one dead / The other powerless to be born, / With nowhere yet to rest my head / Like these, on earth I wait forlorn.）

英國詩人葉慈（W. B. Yeats, 1865-1939）也在〈再度降臨〉（The Second Coming）這首詩裡寫過這個議題。人類在幻滅分崩的未來世界裡，期待上天的啟示：「最好的，信念盡失；最壞的，激情高亢。」（The best lack all conviction, while the worst / Are full of passionate intensity. / Surely some revelation is at hand……）

另外，還有英國小說家赫胥黎（Aldous Huxley, 1894-1963）在一九三一年發表的《美麗新世界》（Brave New World），諷刺「新世界」的外表儘管「美麗」，科技雖然先進，但總體社會文化卻是膚淺，沒有靈魂的。而奧威爾（George Orwell, 1903-1950）的小說《一九八四》講政治極權對人類社會的侵害等等。在一九七〇年代初期的臺灣，我用這些教我的學生「開眼」，打開眼界，把事情看得深一點，透一點。培養他們養成對社會，文化，價值的深入思考。

就這方面來說，深度，就是聽得懂別人的話，聽得懂話語背後的深意，這人說這句話的背景，了解別人與自己的不同，得到啟發。打個比方，如果我說，以前我們做「現代中國文學」譯本，現在成了「海上漂流」的一個版本這樣的話，如果有人聽得懂，我覺得也算是深度了。

您曾提到「情書」也可以「潭深無波」？

是的，我忍不住要說一下情書的事兒。我確實對情書有個嚮往，覺得情書更是潭深無波。

資訊的世代，寫情書的人大概不多了。

張大飛寫給我哥哥的那個訣別信，其實就是最好的情書，對不對？我剛剛也是在你提起時，才想起這觀念。

張大飛那封信才是真正的潭深無波。現在回想他看我的眼神，表情，還覺得他心裡頭想著什麼，很深的內涵和情懷。他是一棒子打不出半句話的人，而我那時還很小，糊里糊塗的。而且，我也有自己對人生的雄心大志，要念大學，要這樣，要那樣，很跩的。南開的中學生，志氣很高，跩得不得了。

您書中寫到當年的南開精神：「中國不亡，有我。」

我們女學生也很喜歡別的男同學，那些掌大旗去遊行的，喊口號抗日的，敲大鼓的，唱歌的，功課好的，有名的才子。那個時代的人，我真的很喜歡。我們喜歡的人，也常是隨著時局變的。

您有一句話，讓我印象深刻。您說：「臺灣很小，但是天很寬。在臺灣，就是要說一些真話。」您對臺灣有什麼特別的期許嗎？

我提過很多次，不要看臺灣小，臺灣就算小，也有兩千三百萬人。斯堪地納維亞（Scandinavia）的人口也差不多是兩千多萬。重要的是，這裡的人是怎麼樣的人，他們是不是懂很多事情，能做點事情，寫點東西。地方大，人口多，但如果什麼都不懂，又有什麼用呢？

臺灣很小，但我以為，一個人不管在什麼地方，胸襟都可以很大，也可以很小。地方多大，不要緊，就是要敢於說真話。你不說真話，難道要說假話嗎？

可惜的是，中國人到現在，因為歷史的傷痕和記憶，有太多的人需要不斷地解釋自己的過去，自己的生命歷程，自己的選擇，否定自己過往的生活。這是很令人傷感，很浪費的人生。

自己的人生不需要不斷地向別人解釋，這樣太辛苦了，也沒有具體的意義。只要自己了解自己的選擇，無愧於心才最重要。有些人覺得我太嚴肅 over-serious，沒趣，但我不覺得這樣有什麼不好。我就是這樣的人。我有時也不了解為什麼我說話聽眾們會笑，也有人覺得我的話怪，但我往往是認真的，不覺得我的話有什麼特別可笑。

您在臺灣住了六十多年，在您的眼中，臺灣文學有什麼「特殊性」嗎？我們知道一九四七年代後期，臺灣作家，包括楊逵諸位先生，曾經一度尋找臺灣文學的「特殊性」。

我向來是個低姿態的人，對這類的事情也沒什麼興趣參與。多半在一邊看，沒有參與的意思。剛到臺灣的時候，我在感情上還是比較傷心的，對這些事情看得很淡。

我有一本文學論說集，書名叫《霧漸漸散的時候》，我想時間慢慢過去，社會氣氛慢慢改變了，時過境遷，就像霧漸漸散開，大家自然會看清一些事情，自己的位置，自己在哪裡，別人在哪裡。

後人和學生

可以談談您和臺灣朋友的交往嗎？您和黃春明，陳芳明這些臺灣作家朋友都有交往。黃春明先生更是受到您的賞識。

其實我就是單純地覺得黃春明的文章寫得好，覺得應該推薦給教科書編譯館。我們因為工作的關係認識，他是個很真的人，他不求什麼，能做的事就做，寫他想寫的東西，不為了寫而寫。這點是非常好的。

我這人，一看見學生就高興。在我眼裡，學生就是學生，其他我都不管。一九九〇年那時候，陳芳明還在黑名單裡，我開會見到他，我也知道一個中國人在美國能做的事很有限。能做什麼呢？國外的工作也不一定找得到很合適的，能發揮自己才能的。所以我勸他回來。我跟他說，如果有機會還是回臺灣來吧！在政治上勸人是很危險的，但他是我的學生，所以我才說了。

大家都知道，您對教學情有獨鍾。

我自己學英國文學史時，老師只教到約翰德萊登（John Dryden, 1631-1700）就停了，沒上完。我非常懊惱，到現在還是很懊惱。所以後來我在臺大教英國文學史，一直教到一九六〇年。你聽過有人教英國文學史，教到一九六〇年的嗎？沒有人這麼上的。我上課不聊天的，我沒時間聊天，非教到一九六〇年不可。

第一次在美國進修，上課聽到老師說一句：「tempest in the teapot」。我聽不懂，問旁邊一位比利時籍的女同學這話是什麼意思。這個女同學張大了眼睛說，你真不知道tempest in the teapot 是什麼意思嗎？真是奇恥大辱，我覺得非常難堪。所以我教書總是很認真嚴肅的，希望將來我的學生不會有我當年的難堪。

我在臺大開一門課叫「高級英文」，沒有學分的，但是一定要上，稱為「必選課」。這堂課也是學校的好意，讓想出國的學生英文能力強一些。我上課很嚴格的，儘量找一些學生沒學過的東西，讓他們學英文以外，多看點東西，多知道些西方的人文觀念。所以我的學生到美國留學，沒有一個需要上補習班加強英文的。

在臺大上課，我開學時總告訴學生，上課的時候不能聊天浪費時間，學期中間也不能到老師家拜訪。但是課程結束了以後，歡迎你們到我家裡來玩。後來學生到我家來玩，說：「啊！老師，原來您也結婚，也有丈夫啊。」也有人說，「啊，老師原來您也有孩子。」我就說：「我還會很多你們不知道的事，我還會倒垃圾，會洗碗盤呢。」

我知道您上課，一直使用英文。您提到有一個學生在課堂外的時間聽見您說中文，很驚訝，說：「齊老師，原來您也會說中文啊！」

是的。我教過的學生大概有三千多位。他們都很好，現在在政界，學術界都有影響力。中研院中的每棟樓都有我的學生，理工科的科學家也有。有些是我在臺中第一中學教過的學生，也有些是在臺灣大學來選修的。無論臺中一中，中興大學，靜宜大學，東海大的學生，總還有些影響吧。

您曾一再鼓勵年輕人，要做有骨氣的人。在經濟快速成長的中國大陸、海島臺灣、和其他地方，怎麼做有骨氣的人呢？

人們都是懂得的。在現代教育普及的情況下，只要願意，大家都能懂得更深、更多，但是有些人往往選擇不這樣做。他們選擇比較輕鬆的事情做。

現在的年輕人，世界上很多地方他們都去過，澳洲啊，歐洲啊，好像知道很多事情，但其實未必。

年輕人有自己的思路和品味。

現在很多年輕人存了十萬塊錢，就出國旅遊。他們很能幹，拉個小箱子就出國了，到處走，路上錢用完了，就在國外打打工。工作也可能很辛苦，工作結束了就聚在一起玩。

他們很獨立，能做很多事情，但眼界是不是更開，是不是變得更有深度，其實也不見得。

我說的深度，是比較靜態的。有些人一輩子待在一個城市，一個州，見識卻也未必比較短淺，也可能懂得很多。有些人看起來憨厚傻氣，其實他們知道很多事情，不是那麼簡單的傻。他有自己的世界和關懷，有一種單純清澈，不俗氣的深度。傻傻的，但不是真傻。

很多去旅行的孩子，可能聰明精靈了，但未必更有見識（they might become cleverer, but not wiser）。他們出國回來，也不見得會多看些書。可能會跟別人說：「你如果看到計程車如何如何，千萬別上去，會被騙。」很精明能幹，但這不見得就是深度。

這種國民旅遊對年輕人來說，算是一種時尚的學習和生活方式吧。

話說回來，其實也是沒辦法啊。我聽年輕人說，存了十幾萬塊錢，現在又能做什麼呢？買套房嗎？當然不夠，所以這樣把錢用掉也就用掉了。

文學教育

談談您終生致力的文學教育吧。您在《巨流河》中提到老師是學生的引導者，也是知識的提供者。您曾為了搜集教材，熬夜刻鋼板；努力為國立編譯館修訂中學國文教科書奔走。近年大陸和臺灣都對教科書有些討論，比如金庸是否應該被列入教科書中，魯迅是否還適合教科書等等。現在臺灣的教科書也不再有統一版本了，不同出版社可以編選不同內容的教科書供學校自行選用。當今資訊爆炸，讀物唾手可得，您對文學教育有什麼期許？

在這方面，我是比較悲觀的。我相信一個人喜好什麼，選擇投入什麼領域，往往是性格裡帶著的。

當年我在臺大階梯教室的課，每年平均是一百二十個學生，時常還會有一、二十位社會人士來旁聽。這許多人中間，據我多年的觀察，大概有二十個人是全心全意來聽課學習的，還有二、三十個是半心半意的，其他都是假心假意來上課的。但這沒關係，只要其中有幾個人是真正有熱誠，真正能懂的，就夠了。

現在的年輕人是新人類，跟我們很不一樣。在聚會的場合，孩子們手上各自都有他們的電子設備，在一邊玩著。如果這些孩子願意瞧著你，跟你說話，就已經很不錯了。也是因為這樣，我多半不太喜歡參與這樣的場合。這的確是時代的不同。但是，也不用為了這種事情著急，因為在許多的人裡面，總還是會有幾個「怪怪的」人。這些人會了解你說的，會知道你想給他們的知識，會感動於你說的話。有這麼少數幾個人，也就夠了，不必強求。這種怪怪的小孩，還是有的。就有一個小記者來訪問我，三十多歲吧。他還拿墨水筆寫字。我說他是小monster，小怪獸，特別喜歡他。我想，這樣怪怪的人總是心中自有天地。

但作為一個老師，我還是永遠把最完整的知識準備好，普及地教給我的學生。一個老師的工作時，要「表述和闡釋」（express and explain），同時也要「取信和回應」（convince and response）。

我很希望讓我的學生聽得有興趣，覺得有意思，能接受。這還是傳授的問題。傳授的過程很重要，你能不能讓人信服，闡釋和傳授是很重要的關鍵。對我自己也是挑戰（challenge）。

再說說教書的三個重要面向：闡釋，傳授，和取信（interpretation, transmission, incing）。

我覺得說服的能力（to convince）是很重要的。要作一個好教員，首先自己要已經相信了，然後才能使別人相信，至少要讓別人能清楚看見。我當然不會說別人非看這個作品不可，不看就會活不下去，但是至少我可以告訴學生，你可以怎麼去看一本書，怎麼看就會得到其中精髓，感到興趣。

所以我教書的時候，最重要的就是提問題，問學生為什麼這樣，為什麼那樣。我一年要問他們幾百個為什麼。提問題很重要，能讓學生抓到重點。我以前教書的時候，準備上百個問題。你要問學生問題，讓學生動腦子想，他們就會產生興趣。

人人生而不同。性格會決定很多事，也算是一種命運。你的性格會讓你變成某個樣子的人。但是無論如何，這些都是要付出一點代價的。

翻譯

除了教書之外，您對翻譯也特別有熱情。曾經長時間不支薪，免費為《筆會》主編翻譯季刊《當代臺灣文學英譯》（The Taipei Chinese Pen: A Quarterly Journal of Contemporary Chinese Literature from Taiwan），編譯臺灣文學作品的翻譯。從您長期的翻譯經驗來看，您認為是中文為母語（native Chinese speaker）的翻譯者做文學翻譯工作合適，還是英文母語（native English speaker）的翻譯者合適？前者的英文可能不一定最好，但嫻熟中文的含義；後者英文好，但未必能完全了解中文的隱喻和含義。

就你剛剛問我的，我覺得英文為母語的native speaker的人，做為「翻譯者」（translator）比較合適，但是必須有一個以中文為母語，英文也好的人來作「校定編輯」

（Reader）。最後翻譯者和校訂編輯要互相妥協配合，我作為主編，最後也要加入的意見。我有很多這方面的經驗。

用外文系畢業，中文是母語的人才來校正編輯，不夠嗎？

喔，那要很好的才行。我請的幾乎都是教授，研究生都沒找過。我們都是不拿錢的。這個過程很棒，有時候翻譯者在校正編輯中會起爭執，爭得很厲害，不過很有意思。

應該可以互相學習到很多。

這些人並不好找，但是我有一批很棒的人，作我的團隊。譬如史嘉琳，一個年紀很輕的美國女孩，普林斯頓畢業的，因為嫁給中國人，就在臺大教書，也幫我們工作。她做中翻英的翻譯工作，做得很好。做了很多翻譯專案，很可靠。她很難跟人妥協，常常擇善固執。

用英文為母語的人做「翻譯者」，比較理想，問題就是你找得到找不到。我有一群這樣的翻譯者。以前，有些外國人到臺灣來，會到《筆會》來，拜我們這個小碼頭。他們覺得我們大概會給他機會做翻譯。像康士林博士（Dr. Nicholas Koss），就是這樣願意來幫我們做。後來，慢慢做出了成績，有自己的局面和成就。我給哥倫比亞作臺灣翻譯系列的時候，他們每個人都幫我做了一本。吳敏嘉（Mitchell Wu）翻譯《千江有水千江月》，書名是 *A Thousand Moons on a Thousand Rivers*，做得真不錯。那時她才不到三十歲。真是不錯。

您自己也是義務勞動。

我是奴役者（slaver driver）。他們是被奴役者（slave）。但是我又是「被奴役的奴役者」。都是自願的，翻譯就是一個付出的工作。

筆會

《筆會》的翻譯刊物只集中翻譯臺灣的作品，是嗎？

我們的內容和封面，裡理外外都用臺灣的作品。一年出四本。香港中文大學有另一本的翻譯刊物叫《譯叢》（*Renditions*），一年出兩本，品質很高。

還有，我們每一期都大大地介紹一個本土的畫家。我們是很本土化的，只出臺灣的作品。這是我們基本的風格。我們沒有門戶之見，什麼作品都用，有點不太專業，但是時間久了，累積起來，就有相當的全面性。

畫家、藝術家們也不介意你們用他們的作品嗎？

他們很願意，很喜歡。我們出力，出時間，他只要出畫。我們找人寫評論，然後翻譯成英文。這樣對他們的畫，也是好的宣傳。一九九九年，我離開《筆會》那年，用的是朱銘的雕刻，我把這期留在身邊，做個紀念。是我的「再見」。

從前我們都是小本子，現在改成大本子。因為我們作的本錢小，再說我們人也少，資源有限。我們只作臺灣文學這一塊。

在文學作品翻譯的領域裡，一般來說，西方讀者對日本文學的接受度，比中國文學作品的接受度高。您覺得這是文學作品的關係，還是跟翻譯有關聯？

這是讀者的問題。中國文學的讀者一般是比較少的。哥倫比亞給我們出那些英文翻譯，臺灣作品裡最受歡迎的應該是《亞細亞的孤兒》，但是臺灣自己沒有反應。我們沒有讀者。香港的《譯叢》有基本的一批人，我們沒有，就是靠自己弄起來。在臺灣每年出十二本，都賣不掉。不在其位，不謀其政，我退休後不太知道詳情。原來的那些譯者，現在大概都教書去了。

就現代文學來說，日本文學一直比較穩定的發展，質量上一直不錯。所以在西方，大家對日本小說有一定持續、穩定的了解和認識。中國文學作品，恐怕從五四以來，一直沒有什麼特別的普世吸引力。一九三七年對日抗戰以後，也沒有什麼好的文學作品。所謂的有名的、代表性小說多半有點政治性，很難把它當作真正的文學。

外國讀者可能一開始有點興趣，也會好奇地看看，但是很難把它當文學。到了臺灣呢，人家對臺灣政治上又沒有什麼信心。我們儘管自己覺得不錯，但它的「年紀」太輕，也許算不上世界文學（World Literature）的一分子，沒有人把它看得多重要。再說寫作的總體數量也不夠，翻譯的量更不夠，沒有足夠的持續力。「量」是很重要的。筆會季刊翻譯的作品沒有長篇的小說。

所以，日本文學一直持續地，沒斷地，在世界文學舞臺上有一個角色。中國文學現在可以說很難哦。

張愛玲的翻譯

有些翻譯者選擇用比較特別的英文，來保留中國作品的特色。比如，張愛玲自己翻譯的《金鎖記》特意用了比較異國情調的，特殊的英語詞彙。有人說她的用意是在凸顯中文句型，保留中國的某些特殊氛圍。您覺得她的翻譯成功嗎？翻譯應該越自然越好，還是應該保留原文的風格？

《金鎖記》是當年一九三〇到四〇年代的事兒。過了那個階段以後，上海變了，上海的事兒也變了，整個中國的一切都變了。保存一大堆老東西是好，但是，我還是要問：有那麼偉大嗎？

現在，張愛玲三個字已經跟《紅樓夢》、魯迅變成差不多的東西，幾乎成了一個學派，一個典範。真有那麼偉大嗎？我的意思是說，全民地認為張愛玲是一個偉大的作者，把她作為一個固定的經典，我不很了解。就整個的歷史來說，我欣賞《秧歌》，我也寫過《秧歌》的評論，覺得《秧歌》很精彩。所以，我並不是反對張愛玲，只是不覺得應該把張愛玲當偶像。也許有人會覺得這是必然如此，但我不覺得中國文學史需要這樣把張愛玲偶像化。

也曾經有人用另外的角度看張愛玲。比方，把她還原為一個「討厭的上海老太太」。

她沒有那麼討厭，也不是上海老太太，上海小姐倒是沒錯。我的意思是說，我沒覺得張愛玲有那麼偉大。把張愛玲當成經典，典範化、標準化，體制化，我覺得這是很奇怪的事。我從不跟人打筆仗，但是我個人覺得，這樣有一點閱讀上的貧乏，有點說不明白。

您怎麼看張愛玲對臺灣、香港的文壇的影響。

臺灣有一批年輕作家受過張愛玲影響，他們後來對臺灣文學的影響也不小。但是他們說胡蘭成，我覺得不能同意。昨天晚上我看你前一陣子在《上海文學》上給朱天心做的那個訪談。裡面說，胡蘭成不是漢奸，只是他對中、日之間的看法不同而已。我看了，我想他是不是漢奸，實在是不必辯論的事。日本人佔領哪個村子，就在那個村子裡插一個旗杆，上面掛一個日本軍帽。每個中國人走過來，就得朝這個帽子鞠躬。這就是日本人，就是胡蘭成他們那個佔領區的樣子。那還談什麼民族，談什麼人的尊嚴？不要說中國和日本，你去找個老美，叫他去跟竹竿上的帽子鞠躬，你看他肯不肯？不要講風涼話嘛，對不對？

有關文學作品的評價和接受，以及後來文學史如何記載，是很複雜的過程。

就是幾個人造成一個流派，一個流行（fashion）。所有的流行 fashion 都是這樣。我這樣講是要有點勇氣的。但是也沒關係，因為反正沒有什麼恩怨問題。

除了張愛玲，夏志清在《現代中國文學史》上，也推崇錢鍾書。

很多人很佩服錢鍾書，但他寫作是非常苛刻的。他是個很有品味，有深度的人，但是缺少寬厚和同情。

楊絳比較好，比較人性。她寫到一個人年紀大了，看見葉子在不同的季節，有不同的顏色。我覺得受到鼓舞。

楊絳是一流的散文家。

她很愛她的丈夫，很保護他。這就是那個時代的女性。她的愛情是生活上的。還有藝術上的愛，也參雜在裡頭。她翻譯柏拉圖（Plato）的《斐多》（Phaedo），真是翻得好。我買了許多本送人。不僅文字好，就是整個兒有完整性。

我從前覺得，人如果不看書，怎麼能活著？但現在不敢這麼想了。

回到剛才未完的翻譯話題，您覺得文學作品的翻譯還是應該以流暢性、口語性、和可讀性為主嗎？

我覺得在某個程度上，還是要流暢的。我自己常常做不到這樣，但是我贊成這樣。我們後來翻譯了一本書，叫做《*Wintry Night*》。

李喬的《寒夜》？

是的，這本書真好。我們請牛津大學的一個女教授劉陶陶翻譯的。她翻得真是仔細，前後一共翻了三年。我始終覺得很棒。可是美國的編輯覺得不夠口語化，不夠讓美國讀者喜歡。後來請陶忘機（Dr. John Balcom）來幫忙，修改得口語化一點，好讀一點。

還有哪些臺灣的文學作品，是在您的團隊裡翻譯過的？

《筆會》的翻譯作品裡，我最喜歡的是 *Wintry Night*（《寒夜》）。還有吳濁流的 *Orphan of Asia*（《亞細亞的孤兒》）。另外就是蕭麗紅的 *A Thousand Moons on a Thousand Rivers*（《千江有水千江月》）。

接著再跟您請教：中西方世界的交流歷史不算短，但隔閡還是不小。尤其中國現在重返世界舞臺，跟中西文化還有潛在性的衝突和危險。您認為文學作品的翻譯，對消解中西之間隔閡，真能有幫助嗎？

我想選擇什麼書是很重要的。你選對了書，這些書就能幫你說話。問題是這種書有多少，就難說了。比如說，夏志清寫的那本《中國現代小說》，就那麼大影響，對不對？這很重要，選書是很重要的。

您談到日本文學一直持續發展，而中國現代文學作品則比較弱。您怎麼看這個問題？

在清朝以前，世界上幾乎沒有所謂的中國文學。到了現代中國，算是有一點點出頭了，但是馬上就又打日本。抗日戰爭完了以後，又有國共內戰。文革以後的「傷痕文學」，對西方人來說，雖然有一點意思，但到底也不是那麼有意思。It is interesting, but not interesting enough。老實說，意思並不大。我認為正經的文學，正面（positive）東西還是應該比負面多。

我在國外教中國現代文學。學生一般的反應是覺得現代文學作品比較黑暗壓抑一些。

老實說，有些作品不只是黑暗，而且是不合理（unreasonable）地殘忍，讓人不能理解的黑暗。

我認為八〇年代的有些中國小說中的故事和人物簡直魔幻到了極點。文學雖然並不一定是為了取悅（entertain）讀者，但太過分的話，也不必要嘛。弄到後來，變成好像是誇大比賽，看誰最噁心最大膽。最近我還收到一本書，這本書的敘述者從頭到尾都在罵，罵完了還跟母親亂倫。文革把人心搞得很壞，竟然如此不堪。

您認為這種文學風格，背後的成因是什麼？

人的一種想像吧。其實那樣亂倫的家庭，他把他媽媽怎麼樣了，大概真的有，但是太可怕了。我說不出來的感覺。

您認為是某種錯亂嗎？

寫的都是人的幻想。西方文學裡，也有心理上的錯亂，但是我覺得，文學本身不應該不是完全那麼否定的。文革把人心搞得很壞。我覺得蠻難過的。文革時，有過那些殘忍。但是幻想裡的那個中國，我真的沒見過。那段時期的作品，以前我買過很多，堆在那兒看不下去。我對這些感到很難過。真的很難過。

臺灣也許也有這樣的一、兩個作者，但是他說他的，沒有那麼重要。有些評論家有時候還鼓勵他們一兩下，但是他們到底還沒有到大陸作家那個程度。我看是看了，就是不大懂。這批作品的目的到底何在？也許他們幻想的中國是那樣的，但是中國真的不是那樣的。

對上海的一份情

您在前面提到剛到臺灣之前，感情上比較失落。到臺灣之前，您住在上海？

是的。到臺灣之前，我曾短期住在上海。其實，我答應接受上海《東方早報》的訪問，也是因為我對上海有一份情。

對上海有一份情？

是的。在我這些讀者裡，陳芳明是第一個看出來的。他說：「老師，我看你對俞君是最好的」。我說：「你怎麼知道？」他說，「我就是看出來了。」

俞君，是您在《巨流河》裡寫到的那位同學嗎？武漢大學的，上海人，英文名字叫 Peter？後來您跟他一起回到上海，曾在他家住過一段時間。

對。俞君是我真正可以戀愛的對象。張大飛不是，他是我崇拜的對象。

這一段，您在書裡寫得比較簡約。

陳芳明說：「老師，我看俞君是你心裡的事兒。」所以上海《東方早報》要訪談，我就答應了。

俞君已經不在了，要是他還活著，他會了解是怎麼樣的一種狀況。這麼多年，我鑾想他的。少女所要的東西他都有，可是你不能跟他過日子。

在他之前許久，我心裡有張大飛，後來他為國家戰亡。俞君說，「我怎麼跟一個死掉的英雄競爭？要是他還活著，我還可以在別的方面跟他比一比。」

這也是一段時代的故事吧。您一直藏在心裡？

上海那一段日子，是一段很奇怪的經驗。我第一次到上海，在俞家住了不到一個月的時間。後來我父親搬到上海，我們有了房子，我在上海住了兩個來月。四七年到臺灣之前，我住在上海，母親在北京。

你書裡，寫到那時候人們的穿著，不都像上海人那麼洋氣。

是的。為了那段上海的記憶，我還找了張照片給你看。那時候剛從上海回去，穿了件摩登的衣服，還被這些朋友罵了一頓。不過，這些人對我是很好的，他們知道我不是那麼無聊的人，有兩把刷子。

我兒子覺得，我們當年看起來蠻不錯，蠻有精神，說中國的未來應該是這樣子。

很漂亮的一代人。

精神是很不錯。其實那時很餓啊，吃得不好。

作為一個女性知識分子，您對家庭，愛情，婚姻的看法如何？您在《巨流河》裡，談到自己在家庭、學習、事業間的努力。

作為一個女性，我也並不是那麼能馴服的，但在婚姻裡，我也沒碰到什麼值得吵鬧的。我再愛一個人，也不能失去自我。以前那個時代，女人結婚了，別人就說某某人找到了長期飯票。我們班上的女同學就說：「我們是帶便當的。」因為我們有能力工作。

人不能什麼都有，總要犧牲一些。比如，結婚生小孩。現在離婚離得很厲害，不行就離，像吃辦桌一樣。但幾乎所有離婚的家庭，小孩都不快樂。結了婚就要負責任，顧念一下離婚家庭的小孩。我覺得我們沒有權利把小孩生出來，然後不管他們。

我總覺得，人跟人之間，有些話說到一個程度，就不用再說了。當然總有可吵的，但大家都是聰明人，心理都很明白，有什麼必要吵？再說，誰也吵不過誰。你也需要說，這是不是虛偽？不是。你看，我這人怎麼虛偽得了？我想我可以說得更高明一點，客觀一點。我覺得人不能只講自由，總要妥協一些，犧牲一點，要為自己的選擇負責任。

現在的年輕人說愛情，愛到地老天荒，又怎麼樣？都是很任性的說法。在我那個時代，女性的工作多半要看丈夫的工作，而決定去留。有一個小輩跟我說：男人都是你們慣壞的。但夫婦之間，如果只是：要不然你辭職，要不我們就離婚，那就會問題重重。那時我先生在鐵路局工作，工作很有價值，有創意，有理想，是用頭腦的。我就跟他走，從臺大轉到臺中一中。再後來，我考上 Fulbright 獎學金，想出國念書，當時我已經有三個小孩。我先生說，「七十二人考，只有兩個考上，她不去，我也不好過。讓她去吧。」我就去了。我的婚姻也許不那麼浪漫，但我們是不離不棄的。

現在的男女之間，有些事情還是要三思。我念書的時候，管女生宿舍的一位伯伯常說，「女孩子晚上出門要早點回來，一失足成千古恨。」時代不同了，現在的女生就算失足一千次，也成不了恨啊。他們說女孩子要清白。不但身體要清白，精神上也要清白。要是心裡有過什麼人，就不清白了。好像有什麼罪惡感，要跟男朋友說：「對不起，我心裡有過別人。我不純潔。」（I am sorry. I had him in my mind. I am not entirely pure.）但英文字的 heart（心）跟 mind（心思）是不同的意思，heart（心）跟 mind（心思），不能用一個「心」字全部概括，成了一碼子事。天哪，這清白兩個字，怎麼說得明白！

現在的人講愛情，就是很任性的話。婚姻和所有人間的事一樣，要有深度，沒有深度，大家一起完蛋。

這個訪談五度造訪，希望沒把您累壞。

人活著很累的，你如果想扮演很多角色，就更累。

我的時間有限，我跟人開玩笑，說我也有癌症。他們嚇一跳，說什麼癌？我說，「高齡癌」。我這個人已經就剩這麼多了。但我還是一直做很多事情。我覺得，我還真是很不錯的。

您的這些精神和力量是哪兒來的呢？

我是用戰爭觀念來看這事兒。我想：要把它「吃得夠本」！我從來就不貪生怕死，現在對死沒有畏懼，沒有留戀。身邊的東西，我愛了一輩子的東西，統統給了人家，誰愛誰拿去。現在吃東西啊，每樣吃一點，給每樣東西一點尊重。我從來不想我身體狀況的問題，從來不想。

每天早上起來，我就想我今天該做什麼。如果我自己感覺到身體不行了，應該會覺得很快樂吧。可以休息了。

二〇一二、九、廿三　臺灣天母

內山書店的臺灣小學生

林文月

林文月，臺灣著名學者，散文家，翻譯家。一九三三年生於上海，祖籍臺灣彰化，為《臺灣通史》作者連橫的外孫女、連震東的外甥女，連戰的表姐。任教臺灣大學中文系四十年，並客座美國華盛頓大學中文系、史丹福大學、捷克查爾斯大學。除專精中國古典詩詞外，林文月日文素養深厚，翻譯作品有《源氏物語》、《和泉式部日記》、《枕草子》等。散文著作豐富，被選作臺灣教科書。目前定居美國。

經齊邦媛教授引見，終於在舊金山灣區奧克蘭，一個有陽光的冬天上午，見到了心儀已久的林文月老師。「家世顯赫，風華絕代」這些形容詞，用在美麗優雅的林文月教授身上並不誇張。但對我這一代的臺灣學生來說，她更是一個「月亮」的神話。

與「月亮」會面，當然有些緊張。但我很快就發現：「月亮」比我更緊張。一向行事周密卻溫和體貼的她，不但早已備好茶水，連中餐也有了備案。甚至把我該做的訪談功課都一一做好：著作，照片，筆記本，整齊地排在桌上。

初次見面，兩人數次轉移座位，從客廳移到廚房，再移到書房，然後移回廚房，足足三個鐘頭，沒有一分鐘離題。不只一次，我出聲讚嘆她的周密細心，非常情不自禁，也由衷佩服。接下來數次造訪，她領我神遊上海日本租界，四〇年代的臺北，五〇年代的臺大，六〇年代臺北文藝圈，七〇年代比較文學的興起，文學刊物的起落，還有臺北知識女性之間的友情。

家世、風華、美貌絲毫都沒有阻擋她的腳踏實地、謙和有禮。她一面為我調理簡單的午餐，一面告訴我：「日子是自己過出來的。」

面對這樣一位女性知識分子，我的滿足和快樂是無法形容的。她提醒了我，神話和真實之間的區別。也讓我知道，真實往往比神話更勝一籌。

記憶中的童年上海

您曾說自己是：「道道地地的臺灣人」，卻不是「土生土長的臺灣人」。可以談談您的家庭背景嗎？

我是一九三三年在上海的日本租界出生的，在虹口長大，上日本小學，抗戰結束後，在一九四六年二月，隨父母家人回到臺灣。那是我第一次踏上臺灣的土地，此後也才開始學「國語」。我的父親是臺灣彰化人，母親是臺南人。因為中日甲午戰爭，臺灣割讓給日本，我父親出身貧窮農家，靠自己苦學，畢業於日本人設立於上海的「東亞同文書院」，先後在上海和臺灣銀行界工作。

我的舅舅連震東，年輕時留學日本，但外祖父連橫希望他的獨子不要在日本統治下工作，所以安排舅舅到西安去。母親和舅舅先後到了大陸以後，外祖父連橫在兒女的督促下，在一九三三年移居上海，由我母親和阿姨就近照料。直到一九三六年在上海去世。

您記憶中的上海是什麼樣子呢？

上海的記憶，對我來說，是複雜的，我常常不知從哪裡講起比較合適。我記憶中的上海不是十里洋場，也不是百樂門，而是虹口的日本租界。我在上海上過兩個日本小學，一年級上「上海第一小學」。後來，這個小學因為學生人數太多，就分了一批出來。我二年級時，就到了「上海市第八國民學校」。全校學生都是日本小孩，只有我跟妹妹是臺灣人。我們上課用日文，學到的規矩也是日本式的。我們聽得懂一點上海話和一點臺灣話，但不會講國語。

我家在上海的地址是「江灣路五四〇號」，是一棟二層樓房，現在還在。但圍牆已經拆掉了。當時，我住在左邊樓上的房間，圍牆外邊不遠，就是鐵道。家旁邊，有一排房子，住著八戶人家。那是我父親的產業。那排房子再過去有一塊草坪，有沙坑、蹺蹺板等設備，供小孩玩耍。草坪再過去，是「公園坊」，三排摩登的三層樓房子，共三十三戶，那是父親和朋友合資蓋的。

父親當時在三井物產株式會社工作，並投資建造房地產。公園坊的住戶都是三菱株式會社的高級職員和家屬，從日本到上海工作，就集中住在這裡，一直到戰敗。公園坊裡也住著一些我的同學，我放學後，常跟妹妹到那裡去找同學玩。長大以後，有時也陪媽媽到那裡去辦點事情。我有一個日本同學住在附近的「永樂坊」。當時，她在學鋼琴，鋼琴老師是一位英日混血的年輕老師，後來也成了我的鋼琴老師。他們都在戰後回日本去了。

想到上海的過去種種，我難免有些激動。那裡有我很多兒時的記憶。幾年前我去過一次，但沒有進到公園坊裡去。原來我家旁邊那八戶房子也還在，我走過去，看見最後那間屋子裡有一位老太太在炒菜。她看見有人來，跑出來說：「你們做什麼的？」我說，我以前住在這裡。她竟然還記得我，說，「喔，是林先生的孩子。」這位老太太的丈夫當年是保安隊的，父親曾託他照看一下附近的治安，不收他們的房租。他們夫婦從那時起，一直住在那兒。但那也是好些年前了。

我寫過一篇文章，題目是〈江灣路憶往〉，也畫過一張素描，畫的是江灣路五四〇號的房子。後來有人到上海，拍了一些照片給我。公園坊那三十三戶樓房還在，現在後面有很多高樓，一高一低跟我父親蓋的公園坊小樓房成為對比。這些房子雖然已經有些年頭了，但還是很像樣，很有風格。以前公園坊門口還有印度門房，很氣派。現在那一帶應該很熱鬧。為什麼沒有拆掉重建呢？也許是現在的屋主願意保留，或者有產權的問題吧。至少它還在，讓我覺得安慰。

內山書店

虹口租界的內山書店，對我來說，是個溫暖的記憶。它在北四川路上，但當年不叫四川北路，叫北四川路。我每天放學經過，都要進去看免費書。現在老照片上的內山書店看起來好像有些陳舊，但我印象中的內山書店卻是很乾淨整齊的。據說，當時許多文人雅士魯迅、劉吶鷗等，都常到那裡去，連我這個小學生也每天要去報到。

有一年夏天，大概是梅雨季節，我放學回家的路上淋了一身雨，但經過內山書店，還是想進去看書。在書店站了一會兒，我腳下積了一灘水，上面有電風扇吹著，邊看書邊發抖。書店裡有一個先生，也不知道是不是內山先生本人，大概怕我著涼生病，把我帶到樓上交給一個老太太。這位老太太幫我烘衣服，還讓我躺在被窩裡睡了一覺。等我睡醒，老太太問了我家電話，才打電話請我的母親來接我。還記得那個大雨天，我母親坐著黃包車到書店來，面色驚慌，一邊鞠躬道歉，一邊說我不該麻煩人家。雖是零星片段的記憶，現在卻還記得很清楚，也還記得內山書店裡那兩個好心照顧我的日本人。

公園坊和劉吶鷗

「公園坊」還有另一段不為人知的故事：那些摩登的樓房，是我的父親和劉吶鷗先生合資建造的。

劉吶鷗是臺灣人，從臺灣到上海發展，比父親年輕很多，兩人有些交情。他死於一九三九年，真相一直沒有人知道。但他在我父親口中，不叫「劉吶鷗」，而叫「劉燦波」。我妹妹曾聽母親說過，有一次劉吶鷗到我家來，看見我們姐妹跑來跑去，開玩笑道，「妳這兩個女兒生得這麼醜，以後一定嫁不出去。」母親後來提起，說，「看，妳們現在不都嫁出去了。」我由此推想，劉吶鷗應該跟我父母是蠻熟的。在劉吶鷗最後那段時間的日記裡，日期如果沒記錯，應該是一九三九年十二月三十一號，還記錄了一群上海臺灣人的聚會的事情。其中有一個名字就是我父親。他們那時都還年輕，喜歡跳舞。

小時候，母親常告誡我們，「小孩不要管大人的事情。」所以我對大人的事總一知半解，不敢多問。我自己是在多年以後才慢慢回憶起這個人，恍然覺悟，原來劉吶鷗早就是我上海記憶的一部分。他不但是文學史上所說的的「新感覺派作家」，還是父親的朋友，是那個跟父親一起投資合蓋「公園坊」的人。

那時候，父親平常每天大約下午四、五點下班回家。但有一天，他不到下班時間，就匆匆趕回家來，跟母親用臺語急急忙忙說些什麼。以前我們在家，一般都用日語交談，只有在談到不讓小孩知道的事時，我的父母親才會用臺語交談。算算，當時我大概還沒上小學，不太聽得懂父母說些什麼，但有一個字卻一直留在我腦裡。那個字是「テラー」（日文，terror），terrorist（恐怖分子）的簡稱。也許是父親重複了好幾遍，我對這個字的印象特別深。其實「テラー」這個字，我們也常聽到，當時學校裡總有謠傳，說中國人是很壞的，中國的「テラー」恐怖分子常會在賣西瓜、賣黃瓜的手推車上，埋放武器炸藥什麼的。

劉吶鷗是一天在上海館子吃完飯，走出來的時候，被暗槍殺害的。當時，在虹口租界和臺灣人圈子裡，是一件大事。因為很多臺灣人都認識他。後來，他的遺體被送回臺灣，在故鄉臺南下葬。據說，他跟李香蘭有一段感情，所以李香蘭還特地到臺南去祭拜，跟劉母有過一張合照。這張照片，劉家人曾送過一張給我父親，作為紀念。可見，父親和劉吶鷗當年的關係是比較接近的。

當時臺商圈子裡，我還聽過李萬居、林坤鐘這些名字，他們都是父親的臺灣朋友。

記憶真是很奇怪的東西。有時候生活中的小事，一個聲音，一個感覺，一個字，儘管當時不懂，卻像錄音機一樣，存檔在腦子裡，多年之後自動冒出來，我才知道，啊，原來這個字是這個意思，跟某某人有什麼關係，前因後果是這樣的。

「テラー」這個字一直到二〇〇五年，我因為受到中央大學一個劉吶鷗學術會議的邀請，主辦人邀請我談談兒時的上海記憶，才冒了出來。而劉吶鷗這個人也隨著歷史的腳步，成了現在我們要研究的對象。

那一輩人的故事，我一般不太提起。片語隻字的兒時記憶，我要等到漫長的一個甲子之後，父母輩先後離開人世，才因為學術研究的機緣，把這些故事一個個拼湊起來。事實上，一甲子之前的事情，直到現在，對我來說，都還在「被發現」中。我寫過的〈江灣路憶往〉那篇文章，回憶兒時的上海，會有英文版翻譯，在香港中文大學的《譯叢》上發表。但寫這篇文章之前，我也還不知道劉吶鷗和父親有過交往這段往事。

二〇一二年秋，我在北大文學院做過一次演講，把題目定為：「〈擬古〉：從〈江灣路憶往〉到〈我所不認識的劉吶鷗〉」。我用我的「擬古」散文創作，把學術研究，歷史、和創作連串起來。這都是以前始料不及的。

日本

請容許我提一個比較敏感的問題：在日本租界長大的兒童林文月，是否有過次等日本公民的感覺？

小時候上學，是有過那種感覺。可是，並不知道為什麼。比如我的功課一直很好，明明該做班長，為什麼老師沒讓我作。我做過一次副班長，但一直沒做上班長。當時也不是那麼在乎當不當班長，而是我父親為了鼓勵我們，說如果誰做了班長，就會得到一雙旱冰鞋作獎勵。

我家「公園坊」旁邊，有一個很大的公園，有水泥地。常有人在那裡溜冰，我也很想。父親就用這個辦法來激勵我們。但我一直沒有當上班長，心裡有些納悶。

這些都是我後來才想到的，當時並不清楚。也許只有老師會比較在意這些，小朋友不會太在意。我的同學們只是覺得我的名字「文月」有點奇怪，普通可能會叫「文子」或「月子」。全校只有我跟我妹妹不是日本人，我們姓林，跟日文讀音一樣，名字卻不是日本名，跟別的小朋友不一樣。

另外有一次，日本兵入駐我們小學，有一個日本兵沒事跟我們玩，問每個人是從哪裡來的。大家搶著舉手回答，有人說大阪，有人說長崎。輪到我，我說臺灣，那個日本兵馬上就不說話了，氣氛有些不一樣。當時不懂為什麼，只覺得很奇怪。還有，我母親每次開家長會到學校來，我也覺得不好意思，因為她的裝扮跟別人不一樣。我母親的頭髮很長很密，一輩子沒有剪過，個子很嬌小，平常喜歡穿旗袍，沒穿過和服。一般學校的重要場合，別人的媽媽都穿和服出席，我母親卻梳中國人的包包頭，在腦後綰一個髻，穿旗袍或套裝來學校。雖然母親很美，但卻跟別人的媽媽不一樣。當時年紀小，並不知道為什麼，只記得怕別人說她「支那人」。

戰後，日本人都走了，您的朋友們也離開了。

本來在上海，我們總是看見日本人欺負中國人。到了一九四五年，日本戰敗了，就變成中國人欺負日本人。我親眼看見我永樂坊同學家的鋼琴被不認識的人抬出來，架走了。大人不准我們小孩看這些事，但我趴在二樓窗戶邊，還是看見了。現在想起來，還覺得很難過。人跟人之間互相欺凌至此。

對我們小孩子來說，這些是很混淆的。因為在此之前，臺灣是日本屬地，臺灣人家前面要掛日本國旗，我小時候也以為我是日本人。但一夕之間，我們突然變成了中國人，從「戰敗國」一下變成了「戰勝國」。臺灣同鄉會為了大家安全，每家都發了中國國旗，讓我們掛起來。但附近的本地人當然知道，我們家原來是掛日本國旗的。有人持槍進到我家，說我們是漢奸，日本人的走狗，用封條把我家二樓全封起來，不准我們上樓去洗澡上廁所或拿東西。其實我們不知道他們拿的真槍還是假槍，也不知道他們是什麼人，但父親不在家，我們都很害怕。記得持槍的是一老一少，也許只是地痞流氓吧，但還是很恐怖。我們不知道他們以後會不會再來，所以不敢上樓去，怕把那些紙封條弄破，他們又來檢查，那怎麼辦呢？

我並不是當走狗漢奸長大的。這種種發生的事情對一個孩子來說，是很難理解的。也許是因為這樣的經驗，我一直到現在都覺得，不管是哪國人或哪裡人，都會有好人，也會有壞人。不是所有的中國人都是好的或壞的，也不能說所有的日本人都是好的或壞的。日本人有好的，也有壞的。中國人也是這樣。

有件滑稽的事情：抗戰結束後，上海由湯恩伯將軍來接收管理。湯恩伯的部隊駐防在原來的日本海軍陸戰隊。那是我們以前每天上學要經過的地方。日本人在的時候，陸戰隊前門總有站崗的士兵，我們每天走到這裡，要對日本兵一鞠躬，表示感謝他們的保護。湯恩伯來接收的時候，上海的臺灣人想出一個主意：要獻花給湯恩伯。他們需要一個小女孩，人家知道我爸爸有一個小女兒，年紀正好十一、二歲，很適當，我就被選中了。記得那天父親拿了一面新的國旗給我，由我拿著花和國旗，穿著來不及換的日本小學制服，蓄著日本小學生的髮型，代表臺灣人去獻旗給湯恩伯將軍。目的當然是希望他能保護我們臺灣人。

現在說來很滑稽，但當時我好像也覺得那是理所當然的。因為我們是臺灣人了啊，我們要求受到保護，一視同仁。

但是，以那時候的混亂局面來說，湯恩伯顯然並沒法保護我們。隔年二月，父親還是不得不安排我們全家，匆匆告別我生長的上海，回臺灣去了。

從一個孩子的角度來感受這段歷史，對您的成長有影響嗎？

也許是因為這段混淆的經歷，直到現在，我都沒法完全恨一個人，也無法完全站在某一個特定的立場，絕對同意或否定某個人、某件事。任何地方，任何國家，都有好人，也都有壞人。我的許多文學的觀點，人生的看法，或許都跟這個多重性和複雜性有關。

生在這個時代的臺灣人，很多人都有這樣的經歷。我並不常主動提起有關家庭背景、國家文化、身分認同這樣的話題。也許是因為從臺灣，日本，中國這樣多重的文化背景走過來，了解每件事總有它正反、好壞兩面，層層相應，環環互扣。這件事和那件事有關係，那件事又和別件事有關。很不容易選擇單一的立場，或把世界二分。這是一個主流話語之外的一種現實，有些悲哀，也有些無奈。

以我個人來說，卻也因為這樣的「有些悲哀，有些無奈」的背景，在年幼的時候就接觸到日本語言和文化，為我日後的學術和翻譯工作打下基礎，不用在大學裡上日文系。

這是我的經歷，也是我的機會。比如，我小時候在學校學過很多日本的歌，連日本敢死隊的軍歌老師都教給我們。在某些場合中，如果我說我會唱這些歌，那還得了。現在回顧起來，很多人生機遇，不管是不是自己的選擇，但也幫助了我的成長。如果我沒有這樣的背景和看法，也許就沒有今天的我吧。如果有選擇，我倒還是寧願看比較好的一面，就算絕對壞的那面，我也願意再多看看，有沒有什麼遺漏的。

兒童林文月對這段日本教育，還有更多其它的記憶嗎？

日本教育很注重少年讀物。除了學識的灌輸，他們很注重「國民教育」。比如儀態禮節、守時等等。如有機會在年幼時接觸到這方面的教養，會受用不盡。

在日本小學上學的時候，我的兄弟姐妹都有專屬於自己的少年讀物。那些讀物是配合小孩的年齡和程度設計的。有時候我看完了自己的，就去看看姐姐的，妹妹的，覺得非常幸福。也許我說我在上海租界過得很幸福，愛國主義者聽了大概會很不高興，但當時我接觸到的日本幼童教育，和文化修養教育方面，真的做得很好。你想，一個小學生擁有屬於自己的各種讀物，是不是很幸福的感覺？

我們小學四年級時，女生有手工縫紉課，男生有木工課。我學了很多基本的針線繡法，有西洋繡，法國繡等等，用的繡線比中國繡線粗一點。我還記得繡一朵小花，要用針在花尖稍稍固定一下，那是非常快樂的記憶。後來我自己設計過一件衣服，在黑底的布料上，用各色繡線在胸前和袖口做花樣，看起來很搶眼。我穿這件衣服出席過不少重要場合。因為料面不皺，我出國的時候攜帶也方便，捲起來不用再燙。後來在一次女作家義賣中，我把它捐出去了。我回臺灣以後，受到的教育比較側重知識上的傳授，對禮節、藝術方面的培養，比較缺乏。

時局不同，很難比較，但總體來說，那時候的臺灣教育還沒有一套全面的規劃。

日本文化對您日後的學術也有一定的啓發嗎？

童年接觸到的東西，語言、文化等等，當時並不覺得特別，但對成長確實有很大影響。那個動盪的時代，年紀只要相差幾歲，感受和經驗就很不一樣。我哥哥比我大幾歲，日文比我好，但中文不如我。我妹妹的日文不如我，但中文就不錯。也許我生在日文和中文都能兼顧的年紀，兩種文化的交匯之下，日文、中文都打下基礎。日文雖是小時候學的，不夠好，卻也念過一些古典和歌。我的國語是六年級開始學的，後來上大學，在臺大中文系受到很多好老師的指點。

一九六九年，我到日本去訪問。有一位九州大學的歷史學者特意帶我去看一棵梅花樹。聽說，這梅樹大有來歷，是很久以前，京都一個官員被貶到九州後種的。他對著梅花樹的和歌詠唱也成了千古名句。那首和歌，是我在虹口日本小學念書最後一年，日本老師教我們的。後來的幾十年裡，我完全沒有機會想起這件事，但聽這位九州學者說起，我突然記了起來。記憶是一句句回來的，先是記起最後一句，然後倒數第二句，然後倒數第三句，最後才想到第一句，竟然整首都還會背。我平常記性並不算最好，我自己也很驚訝，怎麼還會記得。內容大致是：

如果東風吹過來，
你要綻放出你的芳香。
梅花啊，莫因主人不在，
便將春忘卻。

和您個人對文字的敏感有關？

對文字敏感當然是一部分原因。但許多事情，常有神奇的偶然性和連帶性。時隔多年，怎麼還會記得？這位九州學者又為什麼特意帶我去看那棵梅樹？至於許多年前，兩位

臺灣人劉吶鷗和我父親在上海相識，幾十年後，我又重新回到劉吶鷗的故事，又是什麼樣的歷史巧合？我覺得自己一生中，彷彿有些莫名的機緣，一點一點推著我往前走。

臺灣

一九四六年，您和家人從上海回到臺灣，那是您第一次到臺灣，還記得當初的印象嗎？是否跟上海很不同？

還好。我家住在虹口住宅區，附近沒有摩登的舞廳夜總會，十里洋場什麼的。只有禮拜天，父母親才會帶著我們到比較熱鬧的地方買東西。

我們從基隆下船，記得第一次看到椰林大道，覺得很新鮮。還有，我家搬回臺灣以後，住在臺北東門三條通附近，晚上會聽到巷子裡「卡拉、卡拉」的木屐聲。在上海很少聽到這種聲音。

那時是二月份，照日本的學制，小學六年級學生已經通通都考完試了，所以很難找到適合我的班級。幸好老松國小有一個班，把我這樣的學生全部集合在一起。一開始，我有點像個外國人。當時臺灣社會也比較閉塞一些，大家對我們很好奇。在學校裡，同學會問我，上海的鐘和手錶是不是都是金子做的？在語言上，我們也覺得很生疏，臺灣話也半懂不懂，覺得臺灣人說得日語腔調很重，有些不習慣。我個性比較害羞，一開始確實不自在，後來就習慣了，畢竟小朋友們都沒什麼惡意，很和善。

老松國小的同學很多都來自萬華地區，講臺灣話的比較多。老師們跟我們一樣，都不大會講「國語」，大半是頭一天晚上，學了國語，第二天一大早，到學校來教我們。常常一邊教，一邊用日文解釋。後來國民黨政府禁止學校使用日文，老師就改用臺灣話解釋國語，但我也不太懂臺灣話，語言上有雙重的困難。

我家在東門，老松國小在西門町，距離很遠。每天必須從東門走路到西門町去上學，那時候沒有三輪車，也沒有公共交通，對小孩來說，確實很遠。我弟妹他們比較幸運，因為東門國小有一、二年級的班級。後來我有了一個朋友，是我同班同學，叫謝季子。日文發音是「Sueko」。已經不記得她以前是不是在日本住過，但她的口音跟我比較接近。她家跟我家住同一方向，下雨天，她媽媽會打傘來接她，我家因為住得太遠，家裡弟弟妹妹又多，媽媽不能為了我一個人丟下弟妹。所以下雨天，我會跟謝季子打一把傘回家，她先到家，我再繼續往前走。

初中和高中，我就讀於臺北第二女中。北二女有些同學的日文很好，這些同學在一起，很自然地就會使用日文交談，寫信，打電話。我到現在還有些老同學，互相習慣用日文交談。

臺大

五十年代中，您就讀臺灣大學中文系，有不少大陸遷臺的老師和同學。那時的臺灣是什麼樣子呢？

那時的臺灣社會真是很淳樸，人跟人之間的關係也很單純，從學校到整個社會都是這樣。像我的老師臺靜農先生那一代人，生活並不富裕。但到底什麼才算富裕呢？在臺大念書那七年，是我一生中最快樂的時光。我不覺得缺什麼，蠻幸福的，不一定可以買什麼昂貴東西，可是精神上滿足充實。

臺大中文系當年號稱「小國寡民」。老師人數跟學生差不多一樣多。學生發生了一點什麼事，老師們馬上都會知道，學生的個性、家境、學習程度，老師們也都很清楚。家境比較不好的學生，老師會留意安排工讀的機會，學生要去哪裡郊遊，也會問問老師去不去。我們師生一起去了好多地方。大家真心地彼此關懷，從系主任到學生，就像一個家庭一樣，彼此有什麼風吹草動，大家都會幫忙。在這樣的環境裡長大，會讓人覺得，天下是沒有壞人的。

我考進臺大中文系那年，只有七個學生，加上大陸來的寄讀生，總共不過十一個。上課的時候，永遠是同樣的幾個人。大家都很熟悉。偶爾有外校同學來旁聽，我們馬上就會知道。最記得的就是「特五教室」，教室很小，每個同學都習慣坐在同一個位置上，老師們也都記得誰坐哪個位子。聲韻學老師許世英先生有深度近視，有時候就坐在前一排椅子上，或坐在桌上講課。他常拿著書貼近自己的臉，邊說邊問，「某某同學，你說是不是？」但我們偶爾也會換位置。那天有人換位置，一位同學一直被誤認，都將錯就錯一直不回答，直到最後大家都笑出聲來。反正，老師學生都很熟，我們也有點皮。

我們跟老師一起去過日月潭，當年那裡有兩個山地公主，可以跟遊客合照，一白一黑，一個叫白牡丹，一個叫黑牡丹。大家都跟他們拍照，臺先生也拍了。畢業旅行的時候，臺靜農老師也跟我們一起去了。他建議我們去臺中，說：「我帶們去看你們平常看不到的東西。」原來臺北故宮博物館在還沒蓋好以前，重要的珍藏都存放在臺中近郊的北溝。聽說是因為那裡比較乾燥，由莊嚴先生在那裡負責管理。莊嚴先生跟臺靜農先生在大陸就是好朋友，我們進去一看，原來毛公鼎就放在桌子上，蓋著一塊白布。我們是近距離看的，真是難忘的經驗。珍藏的東西要輪流晾曬，後來有時候莊先生會事先告訴我們，我們就一起跑到臺中去看。

我寫過一篇文章〈飲酒及與飲酒相關的記憶〉。寫我大學畢業那年，同學們在文學院設謝師宴，席開三桌，老師同學們盡興喝酒吃飯，真是難忘的記憶。那是我第一次飲酒，當晚幾乎有點醉了，由同學扶回宿舍。隔天畢業典禮，我因為酒精過敏長了紅疹，穿長袖高領衣服遮蓋，同學們都笑我。從此以後，居然免疫不過敏了，開始偶爾和家人朋友品酒，自得其樂。

那時候臺大復校，先從大學部開始，後來才有研究所。

上研究所那年，我們那班就像大學五年級一樣，大家都認識。我本來不打算念研究所，想自由一下。我們好幾個同學已經開始用功準備研究所考試了，我還是吊兒郎當的。我母親認識一位臺灣籍的老教授，叫洪炎秋。洪先生的夫人是我舅母的同學，有一天洪先生生病，我陪媽媽去探望。洪先生聽說我不考研究所了，問我為什麼。我說我想休息一下，他說，還是要考。我說，考試又要看書了，我很想自由一下，放鬆一點。但是我喜歡看書，當助教應該可以看書。但後來洪先生還是說服了我。我心想，考就考吧，反正我也不見得就能考得上，還是繼續天天畫畫，做我喜歡的事。

真的很好笑。我的系主任臺先生也聽到了我不考研究所的消息，居然就跟文學院長沈伯剛院長說了。那時候，一個學生一點小事，風吹草動，老師都很關心。沈院長把我叫去，說，為什麼不考研究所？那天正好是報名的最後一天，我只好報名了。報了名，我跟我的男朋友說，你一個星期不能來找我，我要準備考試。我要是考不取，實在要鬧笑話了，連院長都知道了。那是夏天的季節，天氣很熱，我記得晚上在陽臺上拉個電燈泡念書，還看見我的男朋友騎腳踏車在下面繞。他看見我在念書，就放心了，也不講話，就走了。

那個時代不但老師好，師母也好。我們都知道哪個師母會做臘八粥，哪個師母會做蒜肉，因為我們都吃過。他們認真負責地教學，不把外面亂七八糟的事情帶到教室來，真是很簡單，很單純的求學風氣。

那時候，臺大各系所還沒有完全分家，沒什麼門戶之見。臺灣大學中文系和英文系有些共同課目。英千里先生是外文系系主任，開「西洋文學史」，臺靜農先生是中文系主任，開了「中國文學史」。中文系學生要到外文系去修「西洋文學概論」，外文系學生要到中文系修「中國文學史」。由他們兩位老師來主持這兩堂中外文系都必修的課，是很有意義的。後來英先生生病開刀，所以第二學期就由夏濟安先生來接替。

我上鄭騫先生的課，做了不少筆記。那時候老師們不太發講義，也沒有今天的多媒體教室，上課的時候，大家就賣力地抄。我每首詩都用藍筆寫，寫好了，下課就請鄭先生幫我看看，有沒有寫錯的地方。鄭先生帶回去，會用紅筆仔細地幫我改，有時加一些意見。寫得好的地方，他還讚美我。那時候，我沒想到會不會麻煩老師，老師也有求必應，我還以為全世界的學生都可以這樣。那個時代大家都好單純，不會拐彎抹角。

我滿八十歲那年，臺灣大學為我開了一個學術研討會，中文系把我的一張照片做成海報，用我的筆記和鄭先生為我做的眉批做背景。這本筆記我已經捐給臺大了，倒不是要說我怎麼認真抄筆記，而是當年的老師們實在認真。我筆記上的每個句子，鄭先生都看仔細看過。後來我搬到美國，這本筆記一直藏在我的抽屜裡，後來我從美國又帶回去，捐給了臺大。我的老師們，都是這麼盡力地教導我。

聽說你們當年有吃飯喝酒的聚會，而您有善飲的美名？

不是的。只是在某些場合，比如臺大中文系的活動，或者某位老師的生日有三、五桌的場合，我也陪著熟朋友一起喝一點。臺大中文系有幾個大家比較常去的館子，不一定貴或豪華，但合大家的口味，覺得很自在，大家可以盡情聊天喝酒。

我並不很愛喝，只是可以在某些場合助助興。有些男士知道我能喝一點，好像恨不得要試試我的極限。我有時候也不服輸，想：我偏偏就是不輸給你。有時候就會過量一些。在外面就儘量挺著。有了家以後，在外面喝了一些，回到家要扶著門慢慢走進去。有時一抬頭，看見先生、兒子、女兒三個人坐在那兒看著我，他們會笑話我說，好了好了，不要裝了，已經到家了。我女兒也會開我的玩笑，學我走路的樣子，說，媽媽這種時候會很優雅地扶著門邊那張櫃子走進來。

舅舅知道我能喝兩杯，偶爾也會邀我喝酒聊聊。舅舅跟我的母親感情很好，因為沒有女兒，而我又跟母親長得比較像，自然比較疼愛一些。另外他與臺灣籍國學大師洪炎秋先生是好朋友，洪先生也是我的老師，我們之間的共同話題自然多些。但我們都不是多話的人，喝酒聊天，助興而已。

當年念中文系的，也有臺灣本地的同學。

有。臺灣籍的同學，除了我以外，還有嘉義來的鄭清茂，但也只有我們兩個。我和鄭清茂因為都會說日語，關係比較接近，像兄妹一樣。

鄭清茂是鄉下的孩子，哥哥們都沒有機會念書，他是他家第一個考取大學的。他小時候放牛，不知道時間，就插一根細竹竿在地上，靠影子移動分辨時間。我剛從上海到臺灣沒幾年，他問我，「妳的手錶是不是金子的？」我也說沒看過人把錶放在地上的。那個年代真的很純樸簡單。男生多，女生少，另外還有越南和菲律賓的僑生，大家都相處得很好。

那時大學是獨立招生，大部分的學生會報考三個學校：臺大，師大，還有淡江英專。鄭清茂從南部鄉下來，同時考上臺大和師大國文系。他的家境環境不寬裕，所以選擇去師大就讀，有公費補助。很湊巧，那天他註了冊，一出師大校門，就碰見他的中學老師，這位老師原是臺靜農老師的學生，說，你跟我來，我帶你去見一個人，把他領到了臺老師哪兒。那時，臺老師是臺大中文系主任，聊聊天覺得這位「徒孫」很優秀，說，你把師大退掉，到臺大來吧，我給你想辦法。鄭清茂就真的退掉師大，到臺大來了，成了我的同學。

《東方少年文庫》

大家都儘量想法子幫鄭清茂。那時有一家出版社，叫東方出版社。是抗戰後臺灣第一家出版社，以出版語言教育和兒童文學作品為主。創辦人是我父親的朋友游彌堅。

東方出版社，在五〇年代中，出版了《東方少年》月刊。後來又陸續出版《東方少年文庫》、《世界偉人傳記》、《世界少年文學選集》、《中國少年通俗小說》等系列兒童讀物。

這些讀物是從原著翻譯成日文，再翻譯或改寫成中文。因為鄭清茂需要財務上的支援，又懂得日文，就有人把他推薦給《東方出版社》，讓他把世界名著的日文翻譯本，翻譯成中文，有機會賺一點錢。鄭清茂一直翻到大學畢業，要去服兵役了，才由我接下去翻。大概因為我是女生，《東方出版社》多半指派一些跟婦女有關的題材給我，比如《茶花女》，《小婦人》，《居里夫人》，《聖女貞德》，《南丁格爾》，都是我的工作。

我小時候讀過這套叢書。其中那本《基督山恩仇錄》，讓我很著迷。同學間傳來傳去。不是所有的家庭都買得起。

《基督山恩仇錄》也是我翻譯完成的。本來是鄭清茂的工作，但他翻譯了幾頁，就要去當兵了。我因為友情的緣故，把它完成了。東方出版社做了那套書，對兒童教育很有貢獻，讓臺灣的小學生有機會接觸世界名著。有人說，那套書等於當時的「第二教科書」，影響頗大。《東方少年文庫》的翻譯工作也算我翻譯日文作品最早的階段吧。

日本做了不少西方文學名著翻譯的工作，尤其是兒童普及本。這方面的工作，他們做得很好。我小學五年級時，念過一套日文翻譯的世界名著，記得叫「岩波文集」。日本戰敗後，我大哥的一個日本朋友要從上海回日本，這套書帶不回去，就送給了我哥哥。這個朋友很愛念書，家裡有錢，所以擁有這套書。他們回日本，每個人只能帶很少東西，蠻可憐的。那時我家二樓已遭持槍闖入的人封起來，學校也停課了。我沒地方去，每天躲在樓下沙發椅上看這些書，半懂不懂地一本一本地看了不少。其中還有《三劍客》。

六〇年代的臺北文藝

五〇、六〇年代的臺北，大學生們都喜歡參加什麼樣的活動？您的先生是著名的「五月畫會」起草人之一，您和五月畫會想必交情匪淺？

我先生郭豫倫是師大美術系的畢業生。他和我本來就是遠親。我上高中時，他已進了師大。我也喜歡畫畫，所以常跟他的朋友一起玩。有時候也充當一下他們的模特兒——當然是穿衣服的那一種。其實，當年我也考上了師大藝術系，到現在還是對藝術有著愛好。那時他也希望我去師大，所以在選擇上是有過一些掙扎的。也許，沒有得到的永遠都會在心裡有點記掛吧。

一九五七年，他快畢業了，班上有幾個比較要好的同學，包括他自己，還有劉國松、郭東榮、李芳枝幾個同學互相約定，以後每年五月要開一個畫展，像法國的「五月沙龍」（salon de may）那樣。彼此提醒，每年要有作品參展。他們那年在臺北市附近的大樓裡租了一個場地，舉行首屆畫展。那時沒有什麼職業畫廊，中山堂剛蓋好，還沒有隔間。我先生人比較靈活，也有點生意頭腦，在迪化街買到便宜的布料，縫縫接接擋住那些難看的木板，就開畫展了。我也去幫忙布置，還記得那布料是綠色的。

後來有幾年，「五月畫會」的組織擴大了，邀請師大畢業班裡優秀的學弟妹參加。陳景容、鄭瓊娟、莊喆，馬浩這些朋友都先後加入，想把臺灣畫界有理想的人拉在一起，一起進步。在臺灣，還有「東方畫會」，是軍中藝術家組成的。五月畫會後來除了學弟學妹參加，東方畫會的軍中藝術家朋友也來參加。

那時有一股年輕人的熱情。但大家有了各自的家庭、工作、生活以後，不得不解散。劉國松，莊喆去了美國，我先生也改行做生意。其實我一點也沒有在意他做什麼，但他一做就非常成功，連續開了好幾家公司。總之，大家開始的時候，很團結，熱情也很高，後來也不是沒有，但還是面臨自然而然的解散。一九七二年，五月畫會舉辦最後一次聯展之後，就結束了。很可惜。不過留下好的回憶也很珍貴。一九八〇年代以後，郭東榮又發起了另一波新的五月畫會，邀請年輕一代畫家參加，那又是後話。

《現代文學》

您也參加過《現代文學》的活動？

《現代文學》是一九六〇年，白先勇與歐陽子、陳若曦、王文興、李歐梵、劉紹銘等外文系同學創辦的，比「五月畫會」晚三年。白先勇比我小幾歲，他考進臺灣大學外文系的時候，我已在念研究所。他在大學時代就很活躍，我很早就聽說過他們這群外文系高材生的活動。

臺大教員宿舍那時候有兩個出名的單身漢，一個是夏濟安先生，一個是葉慶炳先生。兩人一個在英文系，一個在中文系，志趣相投，私交很好。所以，外文系辦的雜誌也常邀請中文系人投稿。我跟葉慶炳先生因用同一間辦公室，比較熟。因為這層關係，也有機會在《現代文學》發表作品。先是從大學畢業論文《曹氏父子》裡抽出一章，整理改寫後，發表出來。後來還整理出一些我修課時的一些筆記和心得，多半是古典文學的題材，可說邊讀邊發表，不算很成熟。但是一個年輕學生用功的學習記錄和心得。這些早期的刊物，原是老師們發表文章的領域，我雖還在研究生階段，但也偶爾湊合投稿，由葉先生直接送到夏先生那裡去。

三〇年代的文學作品，那時還是個禁忌，老師們也不開這些課。臺靜農先生當然熟悉三〇年代的作品，但也不開這些課。中文系甚至連《紅樓夢》都沒開過，古典文學的研究就很安全，不會有問題。臺靜農先生自己早年在《小說月刊》雜誌上發表過一些小說創作，他藏放在臺大第四研究室書櫃的後一排，一般不會有人翻動。我在第四研究室工作過很長時間，也一直沒有發現。臺先生以前是魯迅的學生，當然避免談這方面的作品。那時，這還是比較敏感的。後來白先勇《臺北人》，也只寫到臺灣來之前的外省人，很少觸及臺灣現狀。一直到後來，才有王文興開始細讀《紅樓夢》的課。

當年，白先勇那班的同學辦了《現代文學》雜誌，並沒有指明是創作或或非學術刊物，只是比一般刊物開放一點。我寫過一兩篇比較文學內容的文章投稿，也刊登出來了。

在《現代文學》上發表創作的同學，多半是外文系的。

是的。中文系的同學相形之下，更有一種使命感，要做老師們的接棒人，把學術傳統延續下去，多少有一點小學究的味道。外文系就完全不同，夏濟安先生鼓勵學生創作，引起一股創作風潮。夏先生很大度，在題材上不限制古代或近代，不但鼓勵現代創作，也邀請中文系同學、歷史系的勞榦先生，法文系的黎烈文先生投稿。中文系方面多半還是老師輩們的園地，學生輩投稿的人除了我以外，其實很少。也還是因為葉慶炳老師的緣故，我才有發表的機會。

我並不算很有野心的人，也不很主動追求。只是比較認真，希望把事情做好。身邊有很多好老師，一路鼓勵，給我機會，我不想辜負他們。

《中外文學》

一九七〇年代，臺大校園裡還有一件事情，就是「臺灣比較文學會」的成立。

比較文學，在學科上，一直是個比較模糊的領域。一開始，大家其實搞不清楚什麼叫比較文學。只是中文系跟外文系每隔一段時間，就開個討論會。比如由我和葉維廉一起談中國和西方的山水詩，做一些比較。講完以後，中文專業的人和外文專業的人互相交換意見。朱立民先生和葉慶炳先生也講過鬼怪的主題，葉先生講中國的志怪小說，朱立民先生講西方的鬼，之後大家討論中西不同的鬼，一中一外做些比較。大家也參與發言，說自己所知道的鬼故事。現在想起來蠻好笑的，那是草莽時代的學術探索。

比較文學這個學科的開始，跟顏元叔從美國回到臺大外文系，還有朱立民等幾個老師的參與有關。我跟顏元叔同屆，曾經一起上過中文系和外文系合開的共同課目「西洋文學史」。當時由中文系和外文系兩位系主任，臺靜農先生和英千里先生合開。英千里先生講希臘神話，講得非常好聽，我們大家都喜歡上他的課。他生病以後，由一位美籍神父來教，就只講聖經的故事了。

八〇年代臺北四女史

八〇年代後期，您還有其他的文藝圈活動嗎？

齊邦媛，林海音，殷張蘭熙和我四個人，不知道從什麼時候開始偶爾聚聚。我跟齊邦媛先生因為有緣分，除了學校的同事關係之外，又有共同的興趣，慢慢成為好朋友。另外殷張蘭熙，林海音，都是個別認識的。大家很合得來，有時碰面就說，一起吃頓飯吧。

我們四個人個性不同，卻都是認真負責，喜歡做事的人，覺得一起做點事情比純聊天有意思。我是四人中年紀最小的。一開始跟林海音比較熟，因為她家跟我娘家住得很近。跟齊邦媛先生在臺大同事，她在外文系，我在中文系。後來比較文學會成立了，我們每年開會都坐在一起，慢慢就熟了。林海音個性比較急，一急別人就會看出來。我也急，但是別人看不出來。齊先生是求好心切，慢工出細活。我們聚會的時候，殷張蘭熙跟林海音常有出版上的事情要談，我們就加入出點主意什麼的。後來發現，除了談事情以外，我們往往對一些概念抽象的問題，比如翻譯上的觀念等很感興趣，談起來很投入，很快樂。四個人慢慢有了定期的聚會。

我們常到四季，福華飯店聚會。福華飯店有個很大的西餐廳，比較安靜，我們常待到人家都要打烊，掀椅子到桌上了才分手。我很享受工作，如果被安派了一項工作，能夠好好地、盡責地完成，完結歸檔，就會非常快樂。然後，休息一下，再繼續著手下一項工作。有一次我們四個人商量一件事，好不容易終於聊出了一點頭緒，解決了問題。我很高興，說了一句：「我最快樂的事情，就是把一件事情做完。」後來，這句話就常被她們引用，每次一起做完了什麼工作，他們就學我說，「這是我最快樂的事情。」變成我們之間的笑話。

其實他們自己也都是這樣的人，大家趣味相投。那時候，也沒有什麼人來打擾或採訪我們，覺得很自由快樂。後來殷張蘭熙生病了，把《筆會》編輯的工作交給了齊先生。這是個無薪無酬的工作，但我們都是為了該做而做，不計較得失。齊先生接了《筆會》的工作，有時候會找我出主意，問問我的意見。《筆會》是會員推薦制，我被推薦入會，雖然只是會員，沒有行政責任，但朋友在費心工作，我當然也希望出點力氣，無形中也參加了《筆會》的工作。

我和齊先生一般都約在新生南路中間的一個咖啡館見面。齊先生從臺大宿舍新生南路那頭走過來，我從新生南路另一頭走過去，兩邊距離差不多。那個咖啡館人不太多，很安靜，很合適談話。有一次我和齊先生商量《筆會》一百期出刊，齊先生派我負責封面設計，還要定個適當的名字。就是那天，我想出了「hundred steps」的題目。我們坐在咖啡館靠窗的桌子，談著談著，忽然有一個男人把手拱在額頭上，貼著玻璃往裡看。我們抬頭嚇了一跳，原來是當時《中央日報》的主編梅新。他說他覺得好奇，這兩個女教授在講什麼閨秀的悄悄話，桌上還攤了那麼一大堆紙張。其實我們是無薪無酬，只是一心一意要把事情做好，不辜負所託而已。

那是一段很快樂，也很難忘的記憶。殷張蘭熙和林海音都已經離開人世了，齊先生在臺灣，我在美國。

家世、學術、和偶然

您覺得自己繼承了外祖父的文史上的成就嗎？

如果妳問我，在學術上是不是延承了外祖父的遺願，嚴格說，我覺得沒有。外祖父過世的時候，我才三、四歲。長輩們當然總是很鼓勵的，當初我考上臺大中文系，舅舅曾說，連家有了文史方面的繼承人。我想如果我考上的不是中文系，而是外文系，舅舅大概也同樣會說鼓勵的話吧。

其實我原來想上外文系，但報名那天，我一看，全班高中同學都填了外文系作第一志願。我有點不想跟大家一樣，臨時用小刀片把外文系三個字刮掉，改寫成中文系。放榜出來，我父母也嚇了一跳。在臺大中文系念完大二，我想申請轉到外文系。填好申請表交上去，臺先生看了我的成績單，說了一句，「念得好好的，為什麼要轉系？不要轉了。」他很輕鬆地說了一句，我就沒轉。現在想想，很多事情都很偶然，也很有意思。

您說自己的生涯中，有很多事情都是偶然的機會。但像《源氏物語》這樣大部頭翻譯，費時耗力，該不是偶然的？

我自己也從來沒想到，能夠一口氣，當然是很長的一口氣，把《源氏物語》給翻譯出來。我做事的習慣是，既然答應了，就要好好地完成，儘量不要拉期。那時《源氏物語》在《中外文學》上連載，臺先生每期收到，一來就會翻到後面看我的翻譯，看完就打電話給我，跟我討論，告訴我他的看法。這對我是很大的鼓勵。頭一兩期開始，我的翻譯是登在《中外文學》最前面，後來固定下來，就移到後面，讓別的論文在前面。臺先生一收到，就翻到最後找我的翻譯。臺先生是一位書法家，《源氏物語》裡面有一段談到書法，臺先生看了以後，說，「紫式部這個女作家真是了不起，簡簡單單幾句話，就把書法的精華都說了出來。」我翻譯有關書法的討論能得到臺先生這樣的書法家注意，並且稱讚，我覺得很受鼓舞。雖然不是誇獎我的翻譯，但是還是經過我的文字，他才看見的，我覺得很滿足，很高興。

我自己也很驚異，能夠在五年半的時間，把全部書翻譯出來。我常想，有很多人的日文程度，文學素養都比我好，我夠資格翻譯《源氏物語》嗎？但那確實是個偶然的機緣。那年我三十七歲，在臺大中文系任副教授，一天早上，接到一個電話，說有個到日本深造的獎學金，為期一年，有年齡和資歷的限制，全系上上上下下只有我符合這些條件，問我有沒有興趣。當時我的兩個孩子都還小，可是出國進修機會不多，我放下電話跟先生商量，先生說，「這麼好的機會，不去可惜，家裡有我。」這樣，我才放下家庭責任，赴京都研究一年。

因為這個機會，我才開始研究《源式物語》。一開始，是先以日文發表了一篇討論《長恨歌》如何影響了《源氏物語》的論文，只討論《源氏物語》第一章，也順便把《源氏物語》第一章翻譯成了中文，約一萬多字，發表在《中外文學》月刊上。後來，《中外文學》的主編胡耀恆先生來找我，說有不少讀者來信，希望讀到《源氏物語》全書的翻譯。這本書共有五十四帖，我雖然遲疑，但終於用了五年半的時間，把全書翻譯出來，從一九七三年到一九七八年六月，在《中外文學》分六十六期連載，翻一章發表一章。暑假就全時做這件事，幸好有的帖長，有的短，所以幾乎沒有脫過稿。後來，繁體字版在一九七八年出版成書。簡體字版則是在二〇一一年由譯林出版社出版。

我翻譯的時候，採用了一九四〇年吉澤義則的《對校源氏物語新釋》做重要依據，並參考谷崎潤一郎，圓地文子，與謝野晶子等幾位的現代日本語譯本，還有 Arthur Waley 和 Edward Seidensticker 的英譯本。這些譯本對我有很大的幫助。回頭看看，我自己也不能相信，居然把它翻譯完了。

翻譯

除了翻譯和學術論文外，您的散文創作數量豐富，還寫了不少回憶性的文字。

在某個程度上來說，文字和書寫對我的回憶是有幫助的。有時候，我的記憶，因為通過文字書寫，才慢慢有了頭緒。前些年，我嘗試用「擬古」的手法來書寫。我原先寫回憶性的文字，多半依時間先後順序來寫。後來我想到蕭紅的《呼蘭河傳》，用空間為主軸來敘述童年，我覺得這個寫法很有意思，想嘗試一下。我按照我小時候上學的途徑，從出家門開始，一路寫往事種種。這對我算是一種新的試驗。後來有讀者告訴我，可以在我的敘述中按圖索驥，感覺到我小時候活動的場所。

我用「擬古」的方式寫上海的回憶，並把蕭紅的文字錄在後面。普通讀者隨便看看，當作一般的文字來讀也不妨，也許有心的讀者或許能看出我的用意吧。

或許用《呼蘭河傳》的體例來寫〈江灣路憶往〉也是一個機緣。如果沒有用「擬古」的方式來書寫回憶，說不定我的記憶也不會有現在的頭緒，兒時的片段記憶和事件也不會有現在的意義。

你有比較偏愛的散文作品嗎？

我的散文集《擬古》對我是比較重要的作品。一般的人看到我的故事，但看不見我背後的思路，也可能不明白我把所擬用的作品原著附錄在後面的用意。我在這本散文集的「自序」裡，說明了採用「擬古」的概念，作為我寫作的思路。

六朝時代，陸機寫過「擬古詩」，而我是用現代散文來模擬古文。多年來，我已習慣了自己的寫作方式，但「擬古」這個系列的散文，對我來說，幾乎有一種挑戰過去的自己的意思，同時也與「古人」對話。比如，我仔細研讀欣賞了某位作家或藝術家的作品，摸清了他作品的來龍去脈，覺得他的風格、韻味、題目都與我契合，就試圖寫成那種風格，模仿那種寫作的方式。

我曾經在紐約的美術館裡，看到一位畫家展示一張靜物油畫，旁邊另排放著一幅古人的畫，乍看像模擬，細看卻是「同中有異」，似仿古，實創新，很有意思。我將這張畫的靈感，與中國古詩的「擬古」系統結合，而創作了一系列的「擬古散文」。在模仿不同國家的高手的風格時，不管是印度的，日本的，或中國的「古人」，我幾乎是在跟他們做一種文字上的「對話」，甚或「競爭」。這等於把我的學術研究和創作生涯結合起來。對我來說，是我在「理論」與「實踐」上的交匯。

我的第一篇擬古作品，是模擬清少納言的《枕草子》，擬用《枕草子》段落式的敘事風格，記錄我在香港停留八天中的各種形形色色的印象和見聞，題名為〈香港八日草〉。雖然《枕草子》和我的寫作時間相隔了一千年，但對我來說，我跟這些作品之間有一種時空對應，可以與這些前人的作品唱和應對。我還模擬過《傅雷家書》寫作。當時我的兩個孩子都在美國念書，我給他們寫信，內容上是媽媽的口氣，也是老師的口氣。我也把傅雷的那些信件附在後面。我甚至還寫了一篇模擬英文的文字。

文學和美術

您提到曾有機會攻讀美術繪畫專業，後來卻選擇了文學。

是的。我的創作其實同時受到文字和美術的影響。用我的一本散文書《人物》來打比方吧。這本書的寫法，受到了法國畫家馬奈（Edouard Manet）的影響，尤其是他那幅《女神遊樂廳的吧臺》（*Un bar aux Folies Bergère*）的作品。畫裡有一個侍女站在一個擁擠的吧臺前，身前有酒瓶食物，身後的大鏡子反映出酒吧繁雜的活動，有男女酒客的交談，有雜技團空中飛人的表演等等。看這幅畫，我們看得見侍女的正面，也看得見她背後鏡子裡的種種。如果人在現場，換一個角度站，甚至也可以進到鏡子裡。我嘗試用這樣的繪畫手法，描寫人物的各個面向，甚至把我自己也寫進去。或者說，寫人的時候，我可以在鏡前，也可以在鏡後。這種手法也可以稱為所謂的「全觀點」吧。我可以把自己放在其中，或與我描寫的人物之間，有一種暗合。我用這個手法，描寫了一些身邊的人，也算是我的人物素描吧。

您似乎偏好「側寫」，類似畫作裡，鏡子裡反射的視角和效果？

我看過很多人懷念逝者的文章，但我不捨下筆，希望能避免太過傷感，就用了「側寫」的手法。包括寫我的父親和我的丈夫離開的文章。但閱讀本來就是讀者的事，或許有人讀了，會覺得欣賞，卻也或許有人希望看見更多清晰的人物描寫。我想我不能站出來解釋什麼，自己的文章自己站出來講，就不好了。

另外，有一位日本女作家，樋口一葉，二十四歲就死了。她的許多的想法和文字都沒有寫完。我翻譯樋口一葉的文字時，只能翻譯，沒有機會表述自己的感受，所以翻完之後，我假設了一個場景，邀請樋口一葉在她的家鄉的一個小茶館裡談談話。希望讓她「起死回生」，有機會說說她的真實感受。當然我寫的也只是我想像中她可能有的想法，她會講什麼，會穿什麼衣服，神態如何等等。在我想象中，她對當時一窩蜂批評她的那些意見和閒話，是有些看不上眼的。

您覺得讀者沒有看見您文字背後的思路嗎？

當然，每個人在閱讀的時候都從自己的經驗或「話語」出發。我的文章，如果只看表面的故事，也是可以的。我覺得現在我說的這些，都是附帶的，未必需要。比如我的兄弟姐妹沒有人走文學的路，沒有把他們的經驗寫出來，但它們也有他們自己真真實實的人生。

真實的林文月

那麼，真實人生裡的林文月，是怎樣的一個人呢？

應該是一個很簡單的人，負責任，認真，守時，單純，做事不喜歡拖拉。從前，我一直以為我的認真負責是遺傳自我的父親，他出身貧寒，年輕時必須努力才能拿到獎學金，有進一步求學的機會。後來，我回頭想想，覺得母親掌管這麼複雜的大家庭，她努力負責的堅持，也不輸給我的父親。

我的態度是，如果答應的事情，就應該盡力如期完成。如果能夠提前完成，我就會更快樂。在生活上，我也是這樣。比如做了一頓飯給家人或朋友吃，或是去看了一場好電影，都很快樂。如果這件事本來是一個責任，或者負擔，我很嚴格，很認真地把它做完，就變成一種放下和安心，對別人對自己都有交代。那個感覺更好。也不是「不負於人」那麼嚴重，就比如，有時候別人送給我一個禮物，雖然不是什麼寶貴的東西，但是我也很喜歡。有時候，我完成了一件有點挑戰性的工作，感覺就像是送給了自己一個禮物，比如，手頭上有多項工作，我一個個做，最後都做完了，那是很好的感覺，很開心。過不久，忘記了這個感覺，又去接另一個工作。這個過程，其實也不是功利的，就是覺得這樣工作很開心。

您的守時是很出名的。

我如果與人有約，幾乎從不遲到，很準時。有一次，我和以前的學生有約，其中一個是外國學生，已經開始教書當教授了，到臺灣來作研究。我們找了一家中山北路的咖啡館見面，說好是下午兩點，我一點五十五分到，看他們兩個已經坐在那裡了。我說，你們怎麼這麼早？他們說，跟老師約會，不敢不早。這兩個學生都已經為人師了，還對我這樣，我也有點不好意思。

我不太能接受拖拖拉拉的工作態度。如果學生找藉口，說我家裡有事等等，我可能會說，這是你個人的事，每個人都有家庭責任和私事。我覺得不管這個人是誰，藝術家也好，風流倜儻也好，不能把身分當成藉口，期望特別待遇。在做一件事的時候，應該把這些因素都考慮在內，如期完成，也許我比較死板，但是如果沒有計畫，事情就很難做完。這大概跟小時候受的日本教育有關吧。日本在衣食住行禮儀教育方面，做得很好，成為他們的傳統。我也覺得不管男人還是女人，適度的儀態穿著是需要的。但我自己已經養成習慣，並不自覺，好像這是做人的本份。

有一次，我女兒跟我一起接受訪問，插嘴道，「我媽媽有時候做事情，像是上了發條。」有時候我也會想，難道我給人這麼刻板的印象嗎？我聽過德國人的笑話，說有一個軍官，長官叫他八點二分抵達，他八點整到了，還有兩分鐘，就等在門口，過了二分鐘，再去按電鈴。當然有時候也不需要那麼百分之百，但我也覺得太早到了，人家還沒準備好不太好。

我認為工作的態度、守時負責、禮儀穿著等等，應該由家庭教育開始，從小培養。當然老師也是有責任，要以身作則。我很準時，並不是要別人跟我一樣，但是久了以後，別人會自然而然地準時起來。這樣講，好像我很嚴格，其實也不是，我也常有心軟的時候。

從五〇年代以來，臺灣大學一直有「望月樓」和「醉月湖」的傳說。您就是那傳說中的月亮。「真實生活中的林文月」怎麼看待「傳說中的林文月」呢？

這是我最不清楚的事情。望月樓到底在哪裡？醉月湖又在哪裡？我都弄不清，也沒有在什麼樓上待過。我覺得大概就是一個傳說吧。對我來說，是個傳說，對我的家人，還有其他很多人，都是傳說。可能大家就是想要編一個故事，好玩一下吧。

當中學生的時候，我念臺北第二女中，放學時要經過臺北工專，校門口總有一堆男生在那裡繞來繞去。我們女生都假裝沒看見，繼續講我們自己的話。然後搭汽車的搭汽車，坐巴士的坐巴士，各自回家。在臺大，我每天上課，在校園走來走去，只是在過自己的日子。有時候，有人寫信給我，或者在路上叫我一聲。我也偶爾感覺到有人在看我什麼的，但並沒人跟我講話啊。臺大女學生裡，名字叫什麼月的也很多，說不定他們叫的不是我，是別人。學校本來就是有男有女，大概本來就是這樣吧。我還記得幾個名字，但從沒跟他們有過私人的交往。

我研究所還沒有畢業就結婚了。我在認識我先生以前，沒有交過男朋友。我先生是我嫂嫂的弟弟，也是在上海長大的。我們開始交往時，他在師大美術系念書，我還在上高中。一直交往到有一年中秋節，我跟他本來在一起，後來就跟他說再見，我要回家跟家人一起過節。他送我回家，路上說了一句話：「我都沒有家人。」我當時沒有多想，事後才想到，啊，怎麼沒有請他一起回家過節。所以我給自己下了一個期限：那，明年中秋節，我要讓他有一個家。既然這樣決定了，就要做到。

我先生和兒女眼中的我是個普通人的林文月。我們一家人平平安安普普通通地過了這麼多年。就是這樣。後來，我兒子考上了臺大。有一次我跟兒子一起去學校，我們平常習慣拉著手，可是到了學校，他就甩開我的手，說：「在這裡，你是教授，我是學生，你最好不要拉我的手。沒有特別的事，最好也不要打招呼。」我的學生聽說我的兒子在工學院念書，就問我，「老師，那個喜歡撒開手騎腳踏車的，很帥氣的男生是你兒子吧？」我說，我沒看過他這樣啊。

我一直覺得，生活是要自己去過出來的。跟傳說無關。把一件事情做好，會帶來成就感，連生活裡的小事情也一樣，比方做家事，菜色的搭配，碗碟的組合，都是一種很快樂的事。如果可以這麼想，做一個女人就會快樂很多。

作為一個女學者，我的研究室只有白天才用，晚上一定回家跟家人在一起。我並不在意這樣做，我可以在家一面寫文章，一面陪伴家人，不一定要在研究室做。我很珍惜時間，也留心運用。一般而言，我這人比較性急，不喜歡拖拉。家事上，我會想辦法安排，現代科技進步，家居生活也比較方便。如果有空，精心做出一道自己比較滿意的菜，家人朋友都欣賞，也是一種滿足。平常我心裡會有一個生活的計畫，比如有一個主要的工作，還有一個次要的工作，同時進行。我可以一邊守著鍋子裡的菜，一邊手上還寫著一點什麼。我的食譜書，就是在廚房寫的。當然很專精的工作例外。

不知道為什麼，我很自然就變成這樣。大概我的父母也不是拖拉的人，日本小學的教育也養成了習慣，另外我看見別人拖拉，我不喜歡，就決定我不要變成這樣的人。我母親是個能幹謹慎，很懂得安排時間的人。在上海的時候，我還很小，也不知道什麼是家事，什麼不是家事，就跟著做。

無論發生什麼事情，生活都要過下去。如果退休不教書了，還是要過生活。結了婚，有伴侶陪孩子著過日子，那很好。但如果伴侶走開了，孩子走開了，自己一個人，生活也還是要過下去。要認認真真，活到老。

二〇一五、三、一

朗朗天光「薇薇夫人」

樂茝軍

薇薇夫人，一九三二年生，祖籍安徽邯山，本名樂茝軍，出生於安徽，現居臺灣。一九四九年參加孫立人將軍籌組的女青年工作大隊到臺灣受訓，後來成為臺灣知名專欄作家，作家、畫家。曾擔任《國語日報》社長、《世界日報》家庭版主編、華視婦女節目《今天》主持人、華視《愛心園地》主持人，並執筆《聯合報》家庭版「薇薇夫人專欄」長達二十六年，也為新中國出版社《吾愛吾家》月刊執筆專欄，為臺灣最有影響力的女性作家之一。從國語日報文化中心退休後，出任《康健雜誌》顧問。一九八三年獲頒第十八屆金鐘獎教育文化節目主持人獎。

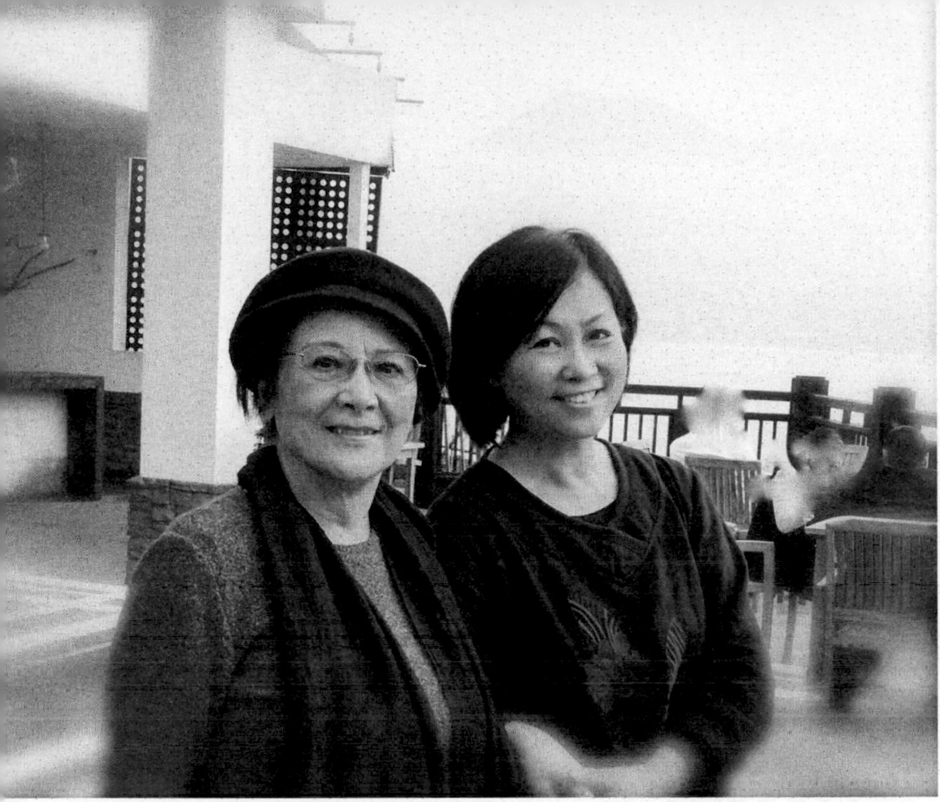

作者（右）與薇薇夫人。

”

經項秋萍主編指點，在春日微涼，水岸濛濛的淡水河邊，見到薇薇夫人——樂茝軍。

電話裡約見時，樂老師說，妳要採訪我，沒問題，但我很平凡，沒什麼驚天動地的故事可以告訴妳。妳不要失望啊。

這位人稱「薇老大」，時齡八十二歲的「薇薇夫人」，是位英氣逼人的「麗人」。早聽說她的爽氣率直，見了面，還是為她的優雅，智慧，和魅力折倒。

觀音山下春寒未散，淡水河邊水氣氤漫。身披呢斗篷，頭戴小扁帽，短靴噠噠的薇老大，一臉陽光燦爛。張開雙臂走過來，把我裹在她的斗篷裡，擁抱一番。幾分鐘內，我們就跨過了所有的繁文縟節，客套寒暄，身無罣礙地聊開了。

薇老大說，「如果願意，就叫我樂阿姨吧。」

原來，歷經戰亂顛簸，人生依舊可以朗朗天光，勃勃英姿。「薇老大」為我做了一次示範。時代的堅毅，也許不在豪氣干雲，眉宇軒昂，而在不失神采精神。

總在父輩身影的思念中徘徊的我，在「薇薇夫人」、「薇老大」、「樂阿姨」身上，看見了千重山水之外的別樣天光。

您是一九四九年三月參加孫立人將軍籌組的「女青年工作大隊」到臺灣的。當時怎麼會想去臺灣呢？

一九四九年，我十七歲，我妹妹十五歲，都是不知天高地厚的年紀。時局變得很亂，到處亂糟糟的。我在南京念了一年上海新聞專科學校，學也上不成了，大家都不知道做什麼才好。我妹妹有一個朋友，跟著家人先到了臺灣，寫信告訴我妹妹，說臺灣很好玩，有甘蔗，糖很甜，還可以坐小火車。

正好那時孫立人將軍籌組的「女青年工作大隊」，在南京招考隊員，高中程度以上可以應試，通過的可以到臺灣去受訓。我們想，反正上不成學了，去臺灣玩玩也無所謂，就一起報名參加甄試。

也不是每個人都能考上的，要考各種科目，還有體格檢查等等。一共有三百多個人報名，我跟妹妹都考上了。我們從南京到上海，搭「繼光輪」分批到了臺灣。所有的人，無一例外，都以為去臺灣受幾個月的訓，之後就要回家的。所以每個人帶的行李都非常少。走的時候，每個人家裡都不讓去，哭啊喊啊的，可是我們那時年紀小，都是貪玩的年紀，書念不成，又沒什麼事可做。老實說，不是為了報效國家，是貪玩。

那時看見的臺灣是什麼樣子呢？

在基隆下船，我們就直接進到了屏東阿猴寮營房，開始過團體生活。活動、上課基本都在營房裡，當然週末放假的時候，我們可以到屏東小街上去看看電影什麼的，但基本上沒什麼機會看到臺灣是什麼樣子。話說回來，那時候年紀很輕，也沒想看什麼。

女青年工作大隊給我們安排的課很多，各種科目的課都有，跟學校所學的差不多，但政治教育和軍事訓練方面的課比一般學校多一些，要出操訓練。

阿猴寮的營房，現在已經變成屏東機場了。

女青年大隊有明確的任務嗎？

訓練結束後，我們女青年隊員的任務是到各地的軍中，去做宣傳工作。比如軍中教學、康樂輔導、文化藝術、娛樂勞軍表演、美術設計、心理諮商輔導、醫療護理與婦女組訓等等。

到了屏東，大家開始分科。我分在軍事服務科。這個科的內容比較好玩多樣，有戲劇，有繪畫。我選這個組還有一個原因，就是我們的組長長得很帥，口才也好。組長的太太是後來中國廣播公司《快樂兒童》的主持人，叫白銀。那個年代很多人都知道的。他們是一起到臺灣的。

當年女青年工作大隊有一對姐妹，黃玨、黃正。

是的，黃玨、黃正姐妹是我們的教官。姐妹倆後來因為孫立人案的牽連，做了十年的黑牢。姐姐黃玨是教官，負責兒童教育組，她很漂亮，個子高高的，我們都很喜歡看這個大姐姐。她上課的時候，我們都擠到教室外邊去看她。她的妹妹黃正是孫立人將軍的祕書，平常不在營區，我們比較少看到。後來她改名黃美之，到美國成為女作家。

那時候局勢混亂，您們知道國民黨可能保不住了嗎？

完全不知道，真是糊里糊塗，不知天高地厚。說實話，當初我和妹妹真的只是想去玩玩，以為幾個月就回來了，沒什麼嘛。我爸根本不知道我們到了臺灣。

您的爸爸根本不知道？

是啊。我媽很早就過世了，我爸當時在外地工作，我和妹妹一直跟姑媽住。我們倆跟姑媽說了一聲，說要去臺灣了，就走了。完全不知道當時大陸的局勢怎麼樣了。

後來呢？

在臺灣受了半年的訓，有一天大家在教室上課，教官跟大家宣布：「大陸淪陷了。」大家當場抱在一起，整個教室哭成一片。哭了一場以後，我們也沒什麼好想了，就死心塌地受訓了。那時候年紀小，也不知道想太遠。受了一年多的訓，到了隔年八月份，我們就分發了。我分到金門，工作是幫老兵寫信，教他們唱歌等等。說老兵，其實也就是三、四十歲，也沒那麼老。

那時候的人心思都很單純，淳樸得不得了。那些老兵對我們非常非常愛護，非常照顧我們。我們兩個小女兵一組分發到部隊去。兩個小女兵住軍營外邊的小房間，裡面就是老兵們的大通舖。那時候的人單純，一點事情也沒有。大家連想都沒想過會有什麼事。

當然，我們的同學也有不同的遭遇，也聽說有些人分發到前線大擔島二擔島，跟共軍接觸過，受過槍傷。但我還是比較幸運的，也有點不知天高地厚。

當時您們的愛國心很高昂，是嗎？

起先也不怎麼愛國，後來被教育得開始覺得有點愛國了。要到前線去，滿腔熱血的。

當時您們跟孫立人將軍有接觸，上過他的課嗎？

孫立人將軍對我們這些工作大隊的隊員都很好，但我們跟他沒什麼接觸，只是他來視察的時候才會看見他。

我們遠遠看他，小皮靴錚亮，手上拿著個小皮鞭，真是很神氣很好看。中國的軍人，說實話，很多看起來都不怎麼樣，但他不一樣，很少見的軍人。

他的事情也沒有人會告訴我們。

但，後來我們有十個人隊員被帶去問過事情。

問過事情？

就等於審問了。他們問我的事情，我真的都不知道，一點都不知道，不是假的。十個人當中，有兩個年紀大一兩歲的，當初好像參加過什麼青年什麼會的，最後被帶走了。

當時您害怕嗎？

真的不害怕。我沒幹什麼啊。他們問的，我真的不知道，一點都不知道。

現在回頭看好像孫立人事件是個歷史事件。

後來說起來，有人說大概是妳帶了兩本托爾斯泰，杜斯托耶夫斯基的俄國小說，所以找妳去問話？但是其他人也沒帶俄國小說啊，為什麼啊？我朋友說，都是因為妳太出風頭了，常被選出去參加表演什麼的。

您覺得呢？

我想，如果是為了這個抓我，我也不會有事吧。表演出風頭又不犯法。黃玨、黃正姐妹他們被關了十年的事，我們也是到後來才知道的，她們是教官，我們是學員，平常並沒有什麼接觸。

女青年工作大隊的課程，除了要打靶出操以外，學習政治和軍事教育以外，都跟學校很像。後來分發到金門半年，之後就輪調回臺灣了。回來以後，女青年大隊就由蔣經國接手了。

那是在孫立人事件之後了？

我們根本不知道有孫立人事件啊。上面長官調來調去，是很自然的事情，我們女青年大隊調到蔣經國手上也是很正常的。孫立人的事情，當時我們完全不知道，是到後來陸陸續續才一點點聽人說的。

蔣經國接手以後，就變成了「救國團」，女青年大隊的隊員分別被派到各個中學校去當教官。我就被派到金甌女中，在臺北信義路。我不喜歡教官的工作，那些女學生都只比我小個一兩歲，我跟她們相處得很好，帶他們排戲啊活動啊，一起玩得很好，還跟他們一起對抗學校某些政策。當年有些規定，我覺得實在太可笑了，我不喜歡。我跟我的救國團的女組長許素玉說：「我不幹了。」她說：「妳是一名女兵，說不幹就不幹，那就算『逃兵』了。」我說，「逃兵就逃兵吧，沒關係妳抓我好了，我不幹了。」奇怪，我這樣一說，她反而不抓我了，還幫我找工作，安置我的出路，對我很好。其實，她們抓我有什麼意思呢？

他們把我介紹到基隆市黨部做事，我就從軍中出來了。沒有什麼撫卹金，退休什麼的，不把我抓起來就算很好了。但是黨政軍單位都是很討厭的，我也不喜歡。

有人問我，那妳願不願意到幼稚園作老師呢？我說，幼稚園好啊，我喜歡小孩，就到幼稚園去了。在幼稚園一直工作到跟我先生認識。那時候我先生還在軍中，也算軍人。後來我們一直住在臺北，沒到別的地方去。

您和妹妹離開南京，父親並不知道。聽說他是個藝術家？

我父親是杭州藝校畢業的。但他一生不得意，沒畫過一幅畫，也總是不在家，在上海做個公務員。媽媽是江蘇六合縣人，我十三歲的時候，她就死了。是得肺病死的。

我們在南京的時候比較長，南京還有我們的姑媽。姑媽是一個非常能幹的家庭主婦，我們整個家都靠她撐著。

我小時候，其他很多時間都在逃難。抗戰的時候，日本人來了，我們就逃，但是我沒見過一個日本人，因為我們總是逃在日本人前面。他們從後面來了，我們就往前面跑，所以從來沒見過。姑媽是我們家的大家長，她帶著我媽媽跑。所以我們跟姑媽最親，我媽死了以後，我們就跟著姑媽過。逃難的過程，對我們來說，也是玩。我讀了齊邦媛老師的《巨流河》，但我沒有像她那麼清楚的愛國意識，就是糊里糊塗的跟著大人跑。我們逃到過江西，還記得到景德鎮去撿瓷瓦，覺得非常好玩。

我爸爸是安徽邰山人，靠近蕪湖。我記憶裡只有一次父親帶我們回過安徽老家一個星期。我也只見過他的家人一次。

我跟妹妹一天到晚，跟著大人跑來跑去。蘇雪林的家鄉是在山口縣，不遠。我們在那裡讀過初中。我的成長過程很零亂，所有的記憶也都支離破碎。讀書這裡讀一段，那裡讀一段。幸好父親養成我們看書的習慣，所以我們都是自我教育。我妹妹尤其會念書，我們倆到了臺灣，跟家人完全斷了聯繫。妹妹一開始被分發在臺北市黨部工作，直到她考上大學。她讀書完全靠自己自學，考上師大，又考上臺大。

我是一個糊塗的人，因為糊塗而樂觀。我幼時的經歷，說實話，並沒有給我什麼創傷，也沒有給我什麼家國憂傷。沒有齊邦媛老師書裡寫的感時憂國的那種文學火花，也沒有黃美之那樣戲劇性的故事，或者余光中詩裡寫的那種鄉愁和憂傷。

所以訪談前，我就告訴你了，我的生活很簡單，沒什麼故事可說。

中國現代史的故事應該是多元的，不一定只有一個版本。

我很感謝我的父親。他對我們的教育，可以說，非常的先進開放。他常告訴我們，妳們不需要跟妳媽媽學作那些家裡的瑣事，將來，這些東西都會有機器取代操作的，要多看點書，擴展知識和眼光。

我們住在南京，但我父親在上海的時間居多，回南京看我們的時候，總會給我們帶些先進的書，魯迅，茅盾這些人的作品，還有印刷得很漂亮的兒童讀物，聖經紙雪白的紙張。那時候是很少見的。他的思想很先進，當初還曾經鼓勵我們去延安看看。我們在考慮去臺灣的時候，也跟他提過一點，他還說，妳們不一定要去臺灣啊，去延安也可以啊。說完，就又離家了。

我們和父親的關係就是這樣。他培養我們獨立自主的習慣，自己決定自己要做的事情。

後來您和妹妹還是到了臺灣。

年輕貪玩啊。

這樣一別近四十年，一直到八〇年以後，我們才經由一個朋友的朋友，介紹了一個不認識的香港女人幫我們轉信到大陸，跟我爸爸聯絡上。這個香港人讓我非常感動，因為之前我們完全不認識她。她自己生活條件也不好，是一個在廣東燒臘店切燒臘打工的女人，住的地方非常小，鐵門鐵窗，類似《重慶森林》那樣的地方。只是因為朋友的介紹，在毫無酬勞，不計利害的情況下幫了我們的忙。

後來，我們經濟環境好一點，就到香港去看她，她帶我們走小樓梯到她家，條件真是不太好。我們包了一個紅包給他的兒子，她後來又包回來，比我們包給她的還要多。我和我妹妹都不知道怎麼辦，後來我們把她接到臺灣來，住了一個禮拜，謝謝她幫我們聯繫上爸爸。世界上真有這麼好的人。

我們跟爸爸通了一兩年信之後，最後才把爸爸接到臺灣來住。

民國八十年前後，接父親到臺灣住的人應該還不多？

是的。我們接爸爸到臺灣來，中間也有一番曲折。那時兩岸關係還沒有現在這麼明朗化，我們申請了一兩年都申請不出來，後來還是靠一個美國朋友出面幫了忙，前後只花了一個星期就辦出來了。現在情況大概不一樣了，但那時候美國人還是占點優勢的。我爸爸辦了依親，就到臺灣來跟我們住了兩年，直到去世。

亂世中失散將近半世紀，能夠團聚是很幸運的。

人生的悲喜，真是難說。雖然爸爸跟我們姐妹團聚，我們都很高興。但是過去發生了什麼事情，我爸爸完全不記得了。是不是當年因為海外關係，受過什麼罪，我們一概不知，他也不告訴我們。我問他什麼，他都說，「我不記得了。我不記得了。」

我們那時都還在上班，週末當然會儘量帶他出去玩，也請了一個人在家照顧他，但他還是問：「你們這裡，怎麼都沒有人啊？」他在大陸有老朋友，每天老人們在樹下，公園裡，都有人講講話。在臺灣，他沒有什麼朋友，每天就是坐在家裡等我們回來。

您覺得父親是選擇了不去記憶嗎？

是的，我猜想是選擇性的不記得，大概回憶起來，也沒什麼意思。他以前到底經過了些什麼，我們一點也不知道。後來我們帶他去醫院檢查，醫生說，你爸爸可能有過好幾次的小中風。他很愛吃紅燒肉，我們有點擔心。但醫生說，他愛吃就讓他吃吧，不要太限制他。

他最激動的一刻就是跟我們在羅湖見第一面的那一刻。那一整個星期，我在香港陪他，是他最高興的時候。一直問我：「你為什麼給我買這麼多東西啊？為什麼啊？」我說，「我是你女兒，當然要買給你。」我覺得那個星期是他最高興的時候，情緒比較高，覺得他到了一個自由的地方，女兒又在他身邊。

到了臺灣，他反而非常的落寞。我們又不能不上班，在家陪著他。要是像現在這樣退休，就可以陪他了。唉，世界上很多快樂和悲傷都是交互的。

您在臺灣《國語日報》工作多年，是怎麼開始的？

《國語日報》之前，我在臺大醫院作攝影美編。我很喜歡那個工作，每天把剛出生的小傢伙端出來，放在一個架子上，就「喀嚓」照張相片，很好玩。一做就是十年。後來有一天，林海音跟何凡來找我，說《國語日報》家庭版的主編離職了，問我願不願意來接這個工作？那時候，已經開始寫專欄。

「薇薇夫人專欄」是什麼時候開始的呢？

「薇薇夫人」是我寫專欄的筆名。《聯合報》主編史習枚幫我取的。從一九六四年（民國五十三年）開始，前前後後寫了十八年。

我在臺大醫院做攝影美編的時候，臺灣的公務員有午睡的習慣，每天中午要拉上簾子，睡上兩個小時的午覺，我精力旺盛，從來也不需要睡午覺，也從來不知道生病是什麼。所以，每天中午大家睡午覺的時間，我就拉開桌子寫文章投稿。

那時我剛結婚，有小孩，每天都有很多好玩的事情，我每星期寫一篇，投稿給「小家庭的喜劇」。這樣，就讓《聯合報》的編輯史習枚發現了。他跟我說：「我們《聯合報》要開家庭版，要人寫專欄，妳可不可以幫我們寫？」我說：「什麼叫專欄？」他說：「妳就每天寫八百個字給我好了，就當成寫日記。」從一九六四年開始，我每天寫一篇，每篇八百字，我寫了八、九年，沒有一天開過天窗。你知道，編輯最怕開天窗。但我八、九年，從沒拉過一次稿。我有時候來不及寄過去，他們就會叫人來家裡取稿子。

您從小就喜歡寫作？

是的，一直喜歡寫。我的數學很爛，小時候幫人家寫作文，人家幫我寫數學。所以我很幸運，做了自己喜歡的事情。

所以有了《國語日報》的編輯工作，我太高興了，立刻答應了。有人說，你怎麼這麼傻啊，做了十年公務員，你這一走一毛錢退休金都拿不到。我說，喝稀飯都要走。後來，我又到《國語日報》去做家庭版。這樣一邊編輯《國語日報》家庭版，一邊繼續給《聯合報》寫專欄。那時候年輕，真是精力旺盛。

身兼數職，怎麼做到的？

人都是這樣，只要是找到自己喜歡做的事情，怎麼做都不覺得累。當然我有三個孩子，要找個人來幫忙，但大致上都還能應付。

就這樣兩邊作到一九八五年，《國語日報》蓋了一棟五層的新大樓，不知道怎麼用，有人說租給別人好了，也有人說不如開個《國語日報文化中心》吧。什麼是文化中心呢？說得不好聽，其實就是大補習班。兒童作文班，英文班，科學班，美術班，舞蹈班，心算班。

國語日報社長就把我調到文化中心去做主任。我那時候用「薇薇夫人」這個名字寫家庭專欄，已經有了一點名氣，開辦起來，簡直是大轟動，報名的排隊排到南門市場，課程一開出來馬上就額滿了。鼎盛時期，《國語日報》大廳整個擠得不得了，每天人來人往。

我是中心的主任，負責高層的行政。另外每班有班主任，負責安排課程等等。小學生的父母陪小孩排隊，報上名以後，小學生上課，做父母的就在那兒枯等。我就把他們組織起來，叫「蕙質媽媽社」，媽媽們自己也來上課。結果也非常成功，會員達到一千多人。他們上《易經》，美術，要繳學費的，我跟社長講，給這些媽媽們一個大教室，他們自己管要上什麼課。這些媽媽們都好高興，後來一直是我的好朋友，說：「哎呀！那段時間有妳，我們過得好快樂。」現在這個「媽媽社」還在，但是都是一些新人，我都不認得了。那時候的想法很簡單，就是媽媽們在那裡等小孩，天氣又冷，幹什麼？為什麼不把那些時間拿來利用一下呢。

「蕙質媽媽社」當時是臺北很紅的一個社團，因為那時候沒有所謂的成人教育，這些媽媽們都跑來，後來這些媽媽們又把他們自己的媽媽和婆婆們，另外組織起來，成為「長青班」。他們都好開心，參加了這些課程，媽媽婆婆們就有了自己的朋友。

每年到了寒暑假，小學生班要放假，那些媽媽婆婆們都不願意，都不想放假停課，怕沒有事情做。好玩啊。

我在文化中心做了大概有五、六年，很開心。後來《國語日報》社長離職，就把我拱上去當了社長。社長的工作就沒那麼好玩了，這麼龐大的一個團體，行政上當然比較繁復瑣碎，人事上的問題也比較多。

《國語日報》對我們那一代的兒童是不可少的。以前都會張貼在小學教室後面的佈告欄上。記得小時候每天等著看報上的故事，看完再講給別的小朋友聽。

還有小朋友把他們的作文送來投稿，很有意思。《國語日報》也出了很多書，在網絡還沒有發展起來的年代，確實是很重要的。

《國語日報》在當初臺灣推行「國語」的年代，也扮演了語文教育的一環？

其實沒有。它屬於財團法人，跟政府政策沒有什麼關係。

網絡出來以後，就很難做了。現在所有紙面的刊物都很難做，書籍報紙都一樣。加上考試制度跟以前不一樣，而且社會少子化。沒有小孩，《國語日報》就沒有生意了。報紙也沒人看了，小孩也沒了。

《國語日報》很難轉型，除了這些社會變化的原因之外，主要也是因為它太老了，有很多老包袱，沒法甩開。不管誰來管都很難解決舊包袱的問題。大概現在也只是撐著局面吧。大家變成了公務員，那就麻煩了，跟企業不能競爭。公務員就是做到某個年齡，拿退休金。每屆社長都沒辦法，如果是新的企業就可以發揮自己刊物的理想，利用人才，開發創新。

您認為，您的工作裡，最成功的是哪些方面？

就是文化中心的活動，雖然有人說那只不過是個「補習班」，但畢竟是文化教育工作。不是那麼商業，收費也不高，所以發揮了一些大眾教育的作用。在師資上，各個教學班主任，也很用心，人才很多。比方現在電視臺報告氣象的任立渝就是我們科學班的老師。大學師資人才很多，我們請非常好的老師，有學識，也很願意教給孩子。

國語日報當時發揮了很大的對外語文教學功能，用注音符號發行，這方面是很有幫助的。小孩會念注音符號，就會看報紙，也有發表的園地。對外漢語教學，是很有作用的。有時候我碰見一些老先生老太太，他們跟我說，我是《國語日報》的作者。我說：「你投哪個版面？」他們說：「是兒童版。」當年的兒童都老了，真是跟著一代人長大的。我在國語日報二十多年，做我喜歡的工作，我很高興。也交了很多好朋友，我、林海音、何凡三個人，有點像死黨。

但是後來就不行了，原來照這既有的老路線作下去就行，但後來社會上各種各樣的活動和文化企業發展起來，《國語日報》就跟不上了，無法放下老包袱，推陳出新。一成不變是不行的，但是改革又推動不了。

我雖然是社長，但並不太喜歡作行政工作，整個日報大概有一百多個人，大大小小的事情都是大家一起商量。

另外，我還主持《今天》的電視節目。一個星期要錄影兩次，這些都是很有意思的事情，我做得很高興。我有這個地盤，但很多時候都是讓別人來做。比如吳靜吉在我的節目的心靈講座，一講十年。以前的人看電視像上課一樣，還要做筆記，做節目就像把知識傳送到家家戶戶，有教育作用。對家庭主婦來說，尤其如此。

跟現在不一樣，現在看電視會讓人弱智。臺灣人多半有一點躁鬱症，社會心靈不太穩定。

是什麼造就了「薇薇夫人」？

是我的幸運吧，《聯合報》是個大報。如果是個小報，大概也不會有人注意我吧。臺灣的社會，從我開始寫「薇薇夫人」專欄到現在，變遷是非常大的。我剛開始寫的時候，有人以為我是某種解答家庭小常識之類的「信箱」，會投書問我衣服上的汙漬怎麼洗掉這類的問題。

您都能回答嗎？

我不能呀。我這人家事方面一塌糊塗。很多人看了一陣以後，才知道原來我的專欄不是那樣的性質。他們不認識我，但願意把心裡的話和某些祕密告訴我。有各種各樣讀者的信，真是太多了，所以我的題材也一直不缺。

我在醫院給嬰兒拍照的工作並不忙，時間很夠用。有讀者來信，我最重要的工作，當然是保護別人的隱私。如果讀者來信的話題有普遍性，值得提出來討論，我就多談些。講良心話，我從寫專欄裡，得益很多，自己也因此看了很多書。社會學，心理學的書籍，都要自學，還要請教專家。也因此認識一些臺大的教授。我不是一個學者，所以把自己看作讀者和專家之間的橋梁。

我覺得我只是一個「生活者」，由於我成長的環境，我的一些觀念的養成受到思想開明的父親的影響。比方，他絕對相信男女平等等等。很可惜他這樣的人才沒有受到時代重用，非常可惜。他是非常特別的一個人，後來淪陷以後，不知道他是怎麼過的。

討論婦女問題的時候，我的讀者常常能在我這裡得到一些支持，覺得有人理解他們。我是站在女性平等的角度去思考問題的。我並不會告訴我的讀者，一定要把丈夫照顧好，把家事處理好這樣的話。我做過一個統計：越是賢妻良母，丈夫外遇的情況就更多。這是真實的統計。為什麼？因為賢妻良母非常不會跟丈夫聊天，這樣是不行的。男人也需要別人了解懂得他，如果在外面碰到談得來的紅粉知己，那是他們渴求的。說實話，想吃好吃的東西，外邊還缺嗎？到處都有。最主要的，夫妻之間，要能談心。女人不要只是做家事，了解丈夫更重要。

當然現在的臺灣社會跟以前有不一樣了，有了另一種極端。反正，我寫久了以後，讀者慢慢就越來越信任我了，什麼事情都願意告訴我。後來還有青少年寫信給我，那個時代的小毛頭們談戀愛多麼淳樸啊。喜歡一個人，但是不知道怎麼跟她說第一句話這類的。我看了讀者的問題後，也提醒自己，我自己的家庭一定不要出現類似的問題。

我寫了十八、九年。最初的十年，是每天一篇，這樣大概寫了十年，後來慢慢減少，一星期四、五篇，再來就是兩篇，一篇。寫得實在太久了。

後來，報章上沒有類似「薇薇夫人」這樣的專欄了。您認為「薇薇夫人」是不是正好嵌入了臺灣社會轉型的時間點？

是的。那個時代的女性和家庭都在轉變，新舊傳統，日本式的女性教育，大陸來臺的各種不同社會背景和階層，各種問題都在女人身上凸顯。當時婆媳、外遇的問題非常多，但那個時代的女性多半忍著不告訴別人，不像現在「小三」、「小四」一出現，就會有「大老婆俱樂部」立刻發動攻勢，媒體也馬上報導。

我寫專欄的後期，開始有男性讀者也寫信給我，告訴我他們的老婆有了外遇。這也是臺灣社會轉變的一環。

您覺得自己目睹了臺灣社會和兩性關係的變遷嗎？

對。還有父母和子女之間，以前也很不一樣。孩子當然不會告訴父母他們的問題，父母也完全不知道子女們在做什麼。哪像現在，「少子化」了以後，每個小孩都寶貝的不得了，變成不是小孩怕父母，是父母怕小孩啊。

讀者來信，您都一一回覆嗎？

只要讀者寫了地址來，希望我回信，我都會回覆，所以非常非常地忙碌。

後來美國新聞處有一個官員，中文名字叫何慕文，夫人是臺灣人，他邀請了我、林海音、羅蘭這些女作家分別到美國去訪問。他是看了我的專欄才邀請我的。我在美國訪問一個多月，兩邊比較一下，我發現美國的家庭主婦事實上比我們要勤勞很多，房子又大，又沒有傭人，並不是像我們在電影上看到的那樣。從美國回臺灣以後，我的專欄裡就有更多的題材了。

那趟美國行，應該很有收穫。

主要是家庭方面。我去了很多地方，有些地方機構會給我安排行程，比如看農村，看中產階級家庭等等。記得當時也有過一點小震撼，因為有些家庭的小孩是不跟大人打招呼的，我行我素，沒有我們所謂的禮貌。這方面的文化差異，給了我重新觀察臺灣社會的角度。

如果讀者來信中有難解的問題，怎麼辦？

當然不能不理。那時候已經有「張老師」、「生命線」這樣的機構。我就推薦他們去這些機構，說這些問題不是三兩句話就能解決的，建議你們兩夫妻一起去這些地方找人談。

「薇薇夫人」專欄有團隊或助手嗎？

就我一個人，哪有什麼助手，完全是單打獨鬥。我到美國訪問的時候，訪問了美國的女性專欄作家 Dear Abbey。我非常羨慕她，她不但有助手和團隊，而且每篇專欄文章都在不同的報紙和刊物發表，那些稿費相當可觀啊。跟我們完全是不同的情況。

我從民國五十三年開始寫，寫了十八年多。最後因為《聯合報》家庭版改版，中間停了一段時間，寫了那麼多年，我自己也覺得累了，就停下來。後來有人找我寫專欄，我都婉辭了，長期寫專欄，也希望能夠自由一些。但我覺得很幸運，有機會做自己喜歡做的事情。

後來我去編過《聯合報》的海外版，《世界日報》的家庭版。同時一面在《國語日報》工作。一般幾個小時就能把工作全部做完。因為報社是責任制，只要在一天之內，把自己的責任做完就好。我不是什麼女強人，只是喜歡做自己的事情。當然也要特別感謝我的爸媽，給了我一副很好的身體，我一直很少生病。我常把工作當成一件很好玩的事情，高高興興，充滿好奇心地去做。

十八年的專欄寫作，是不是也算記錄或反映了臺灣社會的轉變呢？

記錄或反映我不敢說，但以前臺灣社會的轉變是比較緩慢的，不像現在這麼快。家庭結構上來說，比方現在的人不一定想結婚，以前幾乎是不太可能的。我不知道跟電子產品有沒有關係，但現在年輕人自己賺錢自己花，在臉書或網絡上交一大堆朋友，很隨興。這跟以前不一樣，男女感情這件事，以前是要非常非常認真付出的。

以前談戀愛是生死相許的事，男學生站在女學生宿舍門口徹夜等待。

是啊，現在誰有那個時間來折騰？你不喜歡我，我有別的選擇。我寫專欄的十八、九年之間，改變沒有那麼快速，男女之間基本上維持差不多的兩性關係。

比方現在有「情殺」這樣的事情。我想，要是當初有一個女人寫信給我，說某某男子要脅她如果不愛他，就會把她殺掉。我大概會回信告訴她，「不可能，妳放心吧，妳想多了。沒有人會殺妳的。」換了現在，我可不敢這麼說。

您覺得以前對那個時代是有把握的，理解的，但現在不了？

有一天我跟朋友聊天，講到一個例子。我的小孫子孫女要做《水滸傳》的功課，我說，這個我很熟，我可以幫忙，他們就拿小手機給我，說，《水滸傳》就在裡面。我說，這個我不看，那麼小的手機，天天瞪著看，眼睛都要看壞了。我不幹。現在的小孩，不大買書，需要什麼訊息網上都有。神得不得了。

大概電子產業對人的影響太大了，沒法斷絕。我的孩子給我買了 iPad，我本來是拒絕的，因為我寫東西都是手寫。但孩子說，你試試看嘛，很好玩的，顏色很漂亮。他扔下 iPad 就回北京了，也不管我。我就找了一個朋友教我，學用電郵，慢慢學會了在網上發稿，覺得這樣也很好。

我不會注音符號，所以人家都笑我，不會注音符號還能在《國語日報》當社長這麼多年。我說，檢字工人都會檢出來啊，他們很厲害的。但是我不服氣，就試著用電腦打字，真的寫成了。我很高興。原來不用一個字一個字打，可以一句一句打，快多了。寫完了，再檢查一下就好了。有什麼了不起，我也會啊。這樣就一步一步越學越多，也越陷越深了。所以，還是不能完全斷絕這種東西，也蠻好玩的。

我的兒子後來又送我一個智慧型手機。我一開始也拒絕，我說我才不用這個玩意兒。我兒子說，你試試看，畫質還不錯。他們也還蠻知道怎麼跟我說話。後來慢慢就學會了，傳照片什麼的。我女兒他們旅行，隨時傳照片給我，我也會傳簡訊給他們，也很好。所以，新的東西還是要學的，不能完全不學。至少學了，不會覺得那麼老。

如果您現在還是「薇薇夫人」，大概要觸及新的話題，比方性別關係。

不行，我對年輕人不了解。我過去寫的那樣的專欄，主持的電視節目，換到現在大概都不能存活了。因為那些東西拉不到廣告，一點「腥辣羶」都沒有，少了這些，是上不了電視的。知識性的節目，現在都沒人看。不久前有一個讀書的節目，不久就被砍掉了，沒人看啊。

我現在反而愛看推理小說，偵探小說。愛情小說我早就不看了，很多事情我都看過了，也經歷過了，不用再看了。

有些讀者進入中年後，會從文學慢慢轉向社會科學書籍。

是的，科普小說很好看、很好看。

我也感謝我有機會接觸到很多東西。我跟孩子每次回來講不到幾句話，就要分離。我跟孩子說，我絕不替你們照顧小孩，妳們的孩子應該自己照顧。很多年紀大的人沒有事情做了，也沒什麼好奇心，但我想知道很多新的事情。還有就是交朋友，跟朋友在一起，能學到很多東西。我的朋友年紀最大的，也比我要小個十歲左右，他們叫我「薇老大」。

簡宛每年春天和冬天會回來兩次，廖玉蕙六十多歲，還有劉靜娟，都是寫作圈的朋友。另外還有鄭淑敏，吳靜吉，這些人。大家臭味相投，認識四十多年了。我還有一些朋友是以前「媽媽社」的。

我永遠感謝我的父親，培養了我念書的習慣，一直到現在，如果沒有書，我是過不下去的。我的好朋友王榮文對我很好，他說你要看什麼書，你儘管來拿好了。他是華山文創的老闆，每隔半年就到他那兒去拿幾十本回來。我的攝影老師王信也是老朋友了。後來在國語日報，王信就是我們的攝影老師，非常認真。我在房間裡還有一個暗房。王信開攝影展，都是朋友買他的作品，我開畫展，也都是朋友買我的作品，後來我想，哎呀我的朋友口袋沒那麼深啊，所以這兩三年，我沒有開畫展。反正我自己玩玩也很好玩。

繪畫是千變萬化的東西。看書是你跟著書走，但是畫畫是你隨便要走到哪兒都可以。我起步有點兒晚，到了六十五歲才開始，所以有點放不開。照理說，我的膽子還算是很大的，但就是起步晚，不是初生之犢了，多少受到流派的限制。不是高興怎樣就怎樣。想那樣的時候，會自己把自己拉回來。畫畫這個東西要有感覺，沒有感覺是不行的。

本來我跟奚淞學。我退休到現在已經十八年了，一坐在畫布前面，我就覺得海闊天空，在心靈和畫布之間，人的心靈可以維持活躍的狀態。

您退休以後又寫了《美麗新世界》。

是的，但是寫書還是很累的，每個字都要放在格子裡面。我的編輯幫了我很多忙，提醒我很多事情，但我寫完這本書以後，就決定不再寫了。還是畫畫自由，愛怎麼樣就怎麼樣。

您現在有什麼特別想做的事嗎？

想去旅行，世界上還有很多地方，我還想去。有時候我還是蠻想玩的，我女兒他們出去玩，我就特別蠻羨慕他們。但我絕對不麻煩我的孩子，我跟他們說，最後的事情，我自己都安排好了。

人總有低落的時候，您如何排解？

看書。書一到我手上，我的思路馬上會轉到書本裡去。書幫了我很大的忙。人不可能每分每秒都是情緒高昂的，這種時候，我就不聲不響地拿一本書出來，轉移我的思慮。我看過的一些書，有些會保留下來，反覆閱讀。每次讀，都還會發現一些新鮮的東西。我甚至想過，以後我可以斷手斷腳，但是希望眼睛要好，因為我一定要看書啊。

您儘量不打擾家人或伴侶？

我從來不要求我的伴侶什麼，因為每個人都是獨立的成年人，知道什麼該做，什麼不該做。年輕的時候，我也想過，他為什麼不這樣、為什麼不那樣，但後來想通了，他又沒有什麼特別的不好，如果他跟我不一樣，又有什麼不可以呢？每個人都有自己的選擇，只要願意接受自己的選擇，就沒問題。

我做家事不太行，沒興趣。我作電視節目，節目上至少也做過一兩千道菜，但是我一道都沒學，他們一開始做菜，我就走人了。沒興趣啊。

當然，孩子小的時候，我也很認真，給他們做便當什麼的。跟別人以為的「薇薇夫人」不一樣。我會做很多麵食，我也會打毛衣，用縫紉機，幫小孩子做事情，都是心甘情願的。但並不是特別有興趣。

想過搬到國外，或大陸去跟孩子住嗎？

臺灣太方便了，小巴士來回非常方便。東西也很好吃。最重要的是朋友都在這兒。北京和美國都是去玩玩，就回來了。我在臺灣扎根，這根還扎得滿深的。

我妹妹教書教得非常好，細膩堅持，非常認真，她教書做起準備來簡直不得了，學生都站在教室外邊聽。她寫的文章大家也都說好，但她出了一本書以後，就不肯再出了。別人怎麼說都沒有用。也需要這樣細膩的人研究學問，要不文學誰去研究啊？

我們姐妹兩個性完全不一樣。同樣的問題到我這裡就沒事了，到她那裡就嚴重得不得了。我想，沒什麼大事嘛，哪有那麼嚴重要長篇大論沒個完。這也可能是我的強處，大風大浪不容易傷到我。

我覺得世界上最快樂的事情，就是做了自己喜歡的事。這個太重要了。

二〇一五、三、十五

不與紅塵結怨的烽火麗人

黃美之

黃美之（一九三〇—二〇一四），旅美作家，本名黃正。出生於湖南長沙，南京金陵女大歷史系肄業。一九四九年到臺灣。一九四九年初到臺灣時，曾短期任孫立人將軍英文祕書，並在其女青年大隊工作。在職期間，與抗日名將孫立人將軍有過一段亂世情緣。當時黃正二十歲，孫立人五十歲。一九五〇年，她與姐姐黃玨以「洩露軍機」罪名，雙雙入獄，在牢中度過十年鐵窗歲月。出獄後曾任復興電臺編輯，內政部國際勞工組織員。一九六三年與美籍外交官傅禮士先生結婚，婚後隨夫駐非亞各地多年。一九七二年定居美國，服務於美國郵政局十九年，並活躍於北美華文文壇。一九六〇年後，開始小說散文創作，作品散見臺、港、星、馬、及美國華文報紙雜誌。著有遊記《八千里路雲和月》，短篇小說《流轉》，《沉沙》，《烽火儷人》，散文集《傷痕》、《不與紅塵結怨》，《歡喜》，《深情》，《馬丁尼與野火》等。

黃美之和我，都住在南加州帕薩迪納，可以算是「鄰居」。好朋友秀娟跟她很早就認識了，經秀娟介紹，我才認識了這位「妙人」。

美之去世前的五、六年裡，我們有不少機會一起喝咖啡聊天，有時哈哈大笑，有時陪伴彼此的淚水。多半是夜深人靜的夜晚，我工作結束，還不想回家，繞過兩條街，去敲她家的門。

美之家前面，有兩排高大的樟樹，把整條街遮成翠綠色。她家後院，有甜美的橘子，還有紅石榴。她的大門上，有個小小的木窗，讓她張望來人。窗下懸著一葉小錘。我去的時候，總用那小錘敲出五短二長的節拍：「嗒嗒嗒嗒嗒——嗒——嗒」。美之聽見，就用她的湖南口音，在裡面喊起來：「哎呀，小英哪，妳把我想死了。一日不見，如隔三秋啊。」

敲門進去，美之就歡天喜地地，像小女生一樣，搬出她新近收到的雜誌和信件來，告訴我這個那個，一些「有意思」、「無聊」、和「笑死我了」的事情。兩人經常沒事也能傻笑大半天，弄到深夜一兩點，才分手。

美之比我大二十幾歲。她叫我「小英」。我叫她「蜜子」。朋友們叫她「美之姐」，但我總叫不出來。因為她在我眼裡，永遠是個天真可愛、傻笑傻問、卻又總明剔透，「不與紅塵結怨」的年輕女孩。

後來我們說，也不能每次見面就這樣傻笑，不像個知識分子，還要做點正經事情才行。於是我們做了這篇訪談。

經過美之親筆二度修改完成。每次修改，她都獨坐許久，默默流淚。

訪談時間是在二〇一二年，一年半後美之生病，離開了我們。

美之是個永遠的大女孩。大女孩的智慧、深度，和雍容，只有在面對人生苦難的關頭，才顯露一二。

我覺得自己是知道美之的。

”

上一代的民國人物

談談您的民國歲月吧，您的家鄉，母親，父親，和家庭。

我父親的家族人不多。父親曾留學日本，回國後，在湖南大學當教授，後來任湖南省行政官員。抗戰時期，父親在重慶軍事委員會工作了一段時間，後來派回湖南，為第四行政區行政專員。那時已是抗戰末期，國軍趕走盤佔常德的日軍，我父親第一個走進那仍危機四伏的常德城，安民清理，並開始湖南這當時最大行政區的行政工作。為此得到中央政府的褒獎，報上登了很大的字。我尚在中學，有同學看到，忙叫我去看報架上的報。我有很深的印象。

父親有一兄一弟，一直住在洞庭湖畔沅江縣的老家，守著祖產過日子。聽說我祖父是專門替人寫狀子打官司的，當時叫「刀筆吏」。大家都說我的祖母是個西洋美人。他們是在「桃花江」邊生長的。我的父親、叔伯父看起來都不似漢人。曾有研究發現，以前確實有一群波斯人到中國，因為走錯了路，到了現今湖南的桃花江邊，在那兒停下，和本地人通婚，落地生根。二〇〇四年，我的右眼曾患一種眼病，眼科醫生都奇怪，說這不是中國人應得的眼疾。後來，一位退休的醫生朋友，特別跑去紐約最大的圖書館，查出此種眼疾，是中亞細亞人的眼病。而我父親也只吃牛肉，這使我相信我家可能有波斯血統。中華民族基本上是一大混合的民族。

我母親的家族很大。我的曾外祖父有六個兒子。大外祖父和二外祖父，我很少聽說。只知道二外祖父有一個孫子是海軍，也到了臺灣。三外祖父因在新疆做過好些年的縣長，後來回來，帶回來一位很漂亮的新疆外祖母。那外祖母不完全是漢人，另一半血統可能是俄國，或土耳其，也可能是維吾爾族人。我見到時她已眇一目，不知她從前有多美呢，她是名影劇明星唐若青的親外祖母。

我的姨父唐槐秋，就是唐若青的父親，被三外祖父送去法國學航空工程，卻迷上了法國的話劇，久久不歸。後來他老爸只好請一個在法國即將回國的朋友幫忙，把他騙回來。那朋友要姨父送他上船，然後把姨父灌醉了。等姨父醒來，船已行在大洋上了。他在上海下船時，手上只有一根打臺球的桿子，這使他那時已十六歲的大女兒唐若青很失望，很久以後，她還說給我這小表妹聽。

我姨父回國後，中央政府和東北的政府都要請他出來搞航空事業，但他卻自顧組織一中國旅行話劇社。他父親宣布和他脫離關係，他便領著中國旅行話劇社，帶著妻子和若青去北平演話劇，上演《茶花女》。若青演茶花女，在北京一炮大紅。後來再回上海演，簡直把大家都瘋迷了。這時姨父的父親也很高興了。我三外祖父尚有一位兒子是陸軍少將。

我自己的外祖父排行老四，但他很早便去世，都說他早夭是因為太聰明，又漂亮的緣故。她的前妻留有兩個女兒。我的外婆是繼配，卻是民國時期報界巨人成家的小姐。外婆嫁給我的外祖父，只生了我母親一人。成舍我即我表舅，他在抗戰時在重慶辦《世界日報》，簡直是人民喉舌，國共兩黨都要看的。後來他到臺灣來，想重新辦報，但老蔣總統不准，說他尖酸刻薄。他就辦了世界新聞專科學校，後來在他女兒成嘉玲手中，已成了世界新聞大學。現在臺灣的媒體人才，多是這學校出來的。他的獨子成思危曾留學UCLA，是中國的經濟專家。

第五外祖父，曾為湖南漵浦縣縣長。我媽媽的同學兼好友向警予是漵浦的富紳。所以我媽媽和向警予兩人便在漵浦那樣閉塞的地方辦女子學校。向家出錢來支持，而我母親則因五外祖父的緣故，有些地方上的勢力。後來向警予去法國留學，我母親一人也撐支了一些時候。向警予從法國回來後成了熱誠的共產黨員，而母親那時覺得女性要真正與男人平等，光辦教育是不行的，一定也要有參政權，便一人去競選省議員，四處演講。終於成了中國史中第一位女議員。

我的五外祖父家出了好幾位優秀的工程師。十一舅吳家鑄是航空工程師，也和槐秋姨父一樣是留學法國的。抗戰時，他是飛機製造廠廠長，先是在桂林。那時要中國製造飛機是不可能的，但只要那飛機可修理，十一舅的廠一定會修好，因那時飛機對中國真是太寶貴了。後來美軍空軍受損的飛機也拿來修，他真是白天黑夜都忙。工廠本在桂林，日本人來了，所有車輛都要用來運機器材料去貴州，十一舅便只好帶著他的家小，走路從桂林走到貴州的獨山。後來這工廠在成都再開工。五外祖父這一家人一定有科學頭腦。十一舅之外，六舅，十九舅，二十一舅都是很好的不同性質的工程師。而且這一支還有一位姑爺，竟是傘業的改良者，他名叫潘岱青。湖南的傘本只有粗人可用，經他改良，有一種名「菲菲傘」的傘，是他用絹來做傘，並請畫家設計圖樣做出來的。真是又美又靈巧，深為仕女們喜愛。他拿去世界博覽會展覽，得到很大的獎。那時又有幾人知道「世博」？六舅的長子是國民政府的空軍少將。

六外祖父是位學者。黎元洪做總統時，他是國會議員兼財政部長。所幸那是一短命的內閣，因六外祖父總是講學問，對於財政是外行，也無興趣。他最推崇孔子的大同主義，常和他的子弟們談大同主義。沒人要聽他的，他便替他自己立一墓碑，上面刻著他自己寫的「大同主義信奉者吳劍豐之墓」。全族的人都哈哈大笑。但他也為族人做了一件大事，替他們的祖母，也就是我母親的啟蒙老師曾祖母，出版了一本詩集。有一次我聽耶魯大學的孫康宜教授演講，說明清兩代女人有出版的詩集，都是因她們的丈夫或者兒弟，或者兒孫做了大官，替她們出版的。這詩集，抗戰時我在姨媽家見過，是藍色的布封面，用白色絲線裝訂。那集子有半寸厚，詩集名《景惠堂詩存》。封面上是孫文題的字，內有康有為寫的序。聽孫教授講後才想起為何是六外祖父能做此事，因他是「京官」。而曾外祖父是清授朝議大夫吳公子祥府君，夫人名易繁南蘋。我相信應是姓易繁字南蘋。實際的名字景惠，也可能是她的名號吧。

一九八五年，大陸開放後，我去雲南看我的大姐。六外祖父的小兒子是雲南的省黨委書記。我曾問他，有否仍保有曾外祖母的詩集。他嘆了口氣說，他曾回湖南家鄉，問了所有的族人，都說誰還要留那個玩意兒。雖然他真正是吃共產黨的奶水長大的，但也似乎很惋惜。他是外婆家最小的舅舅。我已讀小學了，他還被抱在手裡。我外婆家的人，都有很好的幽默感，所以去外婆家，總是笑得飽飽的回來。

對第六外祖父，我比較有印象，因他曾在抗戰期間，教過我們這些長沙大火後返鄉的失學青年子弟。當時，我是自己要求去的，因其餘的學生都是大學生，中學生。我是小學四年級吧。三代人一起讀書，都是一群淘氣的大孩子。我覺得那真是一段很有趣味的回憶。

那個校舍是八外祖父家閒置的莊園。六外祖父便在那裡教我們古書，但總不忘記講孔子的大同主義。我那時當然不覺有趣，後來發現大戰後所組織的聯合國，中華民國是四強之一。按字母先後，在《聯合國憲章》上第一個簽名的是中國的代表。因金陵女大的校長是代表團內唯一的女性，所以金陵女大的校長吳貽芳博士是第一位在《聯合國憲章》上簽名的。後來我去金女大讀書，對聯合國也深感興趣，竟發現中華民國送給聯合國的禮物是在一白色大理石上刻著孔子的〈禮運・大同篇〉，而且是孫中山先生的書寫。後來我已在美國立足了，我姐夫徐嗣興大夫帶了一微型的這塊石碑給我，那時中共正在爭取聯合國席位。那時我還天真地想，不管誰代表中國，希望那塊大同篇不會被拿掉，因為那是孔子的理想，比馬克思他們的社會主義早了好幾千年。是那樣溫文爾雅，毫無殺氣。而孫中山先生是中華共和國的創造者。不應該因政府換了，就把那承載一種很溫和的理念的石碑砸了。

我還有一堂外祖父叫吳劍學，他排行第八，所以鄉人稱他八老爺。我叫他八外公。他是日本士官學校畢業的，官至鎮守使。那一定是高官，因他家堂屋內，高掛著他的軍裝照片，和蔣介石北閥時所穿相同，頭上頂著一頂高帽子，上面有很長的絲流蘇。聽說蔣介石北閥時，每過長沙，一定會來看看八外祖父。

抗戰時，日本人打到湖南湘鄉，找到他，要他出來當維持會長，他斷然拒絕，日本人便把他殺了。抗戰勝利後，我父親把他的靈位送進了長沙的忠烈祠，應該也在現在臺灣的忠烈祠吧。

我相信老蔣總統是記得我的八外祖父的。因為在臺灣他要連任第三任總統時，請所有監察委員喝茶，問他們看他可為他們做些什麼，當他問到我們湖南監察陳委員時，陳委員夫妻都是我爸媽的朋友，陳委員回說：「總統，我自己倒沒有什麼，只是我們湖南的黃珏、黃正……」陳委員話尚未說完，蔣總統忙道：「啊，黃珏、黃正我知道，她們母親吳家瑛是吳劍學的姪女。」而後顧左右而言他。陳委員碰了個軟釘子，回來告訴我媽媽，我媽媽嘆了口氣道：「唉，他既什麼都知道也不肯放人，大概是沒法子了，只好等這兩個女孩子坐滿十年再看吧。」我們回家後，陳伯伯忙跑來把這事告訴我們，還笑我和姐姐真是有名呀，連總統也知道我們是吳劍學的外孫。我和姐姐真是啼笑皆非。

您說過您的母親是一位傑出的民國女子，她曾有一段婚姻，後來當了地方議員，才跟您的父親結婚。

我母親有兩次婚姻，在她那一代人裡，她算是一個勇敢的女性。那時離婚和再嫁是很少的。我母親的第一個丈夫死後，她才在議會認識了我父親。在那個時代，她因為再婚受到很多人的議論和指責。母親是一個很特別的人，敢於衝破傳統，她的丈夫死了，做了寡婦，但她敢於再嫁。

我母親出生在一個世家，她的第一次婚姻是她的祖母（就是我的曾外祖母）安排的。是個大戶人家的少爺。我媽媽去上學，她的丈夫就跟在後面。母親第一次婚姻，生了一個兒子兩個女兒，後來這位丈夫去世了，母親在議會當了議員，也當過學校校長。我父親從日本留學回來，也在議會工作，跟我母親認識，就結了婚。母親再婚，受過不少非議。我有兩個舅舅，因為我母親再婚，後來不跟母親來往，也不說話。

我小時候，我同父異母的哥哥十二歲那年，我們一起生了病。母親把我留在家裡，給我吃英國的「兜安適咳嗽藥水」，我吃了出了一身臭汗，就好了。哥哥被送去大醫院治療，卻死了。哥哥的奶媽後來就成了我的奶媽。

您很佩服您的母親。

我很佩服她。但是，我跟她總有明顯的代溝。我寫的詩和文章，她一點都不喜歡。她生我的時候，難產大血崩，可能覺得我跟她犯沖，有點不太喜歡我。但我小時候長得很可愛，我媽媽喜歡帶著我跑來跑去，賺了很多糕點糖果，有時還有玉片，只因為我是個人見人愛的小女孩。

母親和弟弟

我父母結婚，生下姐姐和我，都是女孩，沒有生男孩子。這對我媽媽是一個太大的威脅。黃家人說要給我爸爸找一個小老婆，生一個男孩。我爸爸是留日的，人很厚道，對母親也很好，但是那個時代的男人接受個小妾是沒問題的。要是他是留美的，思想開放一點，大概就接受不了小妾。留日的男人跟留美的還是不一樣。我媽媽當然受不了這個氣，找人抱了一個小男孩來，硬說是她生的。我這個弟弟很聰明，但是心理上也不平衡，一直想去找他親生的爸爸媽媽。也有些什麼不三不四的人告訴我弟弟說，你看你兩個姐姐都上那麼貴的學校，你用一點錢，你媽媽就不給你。我弟弟聽了，當然心裡更加不舒服。他很聰明，找竹子來自己做笛子，踩高蹺，什麼都會做。吃喝嫖賭也樣樣都來，簡直像個瘋子一樣。不給他錢，他就把手槍往桌子上一放，說「給不給？」我姐姐後來問過我媽媽，「弟弟到底是哪裡來的。」我媽媽話到嘴邊，還是硬說，「是我生的。」因為我媽媽找到我弟弟做兒子，是斬雞頭發過誓的，絕對不能違背誓言。

大家都說湖南人最勇敢。您覺得呢？

湖南人有驢子脾氣，那是有名的。人家都說：「這個湖南人是一根腸子通到底」。意思是不會轉彎抹角。說什麼，就做什麼，比較實在。其實，湖南也出過高難度的政治家曾國藩，但是以軍人最多。因湖南人的性格作軍人最相宜。孫立人將軍就喜歡有湖南人的部下。戴笠情報局長也最喜歡湖南人，他曾選一個湖南女子，特別送她去美國求學，就是預備將來娶她為妻的。可見湖南人一定也有智勇雙全的人才，邵陽人蔣廷黻便是一個很成功的外交使節。我想不管什麼地方都有不同程度的人才，只因湖南人一般都有突出的性格。好的壞的都令人難忘而已。我這個人糊里糊塗，但是從來不會嫉妒。這點應該是我最大的長處。小時候，媽媽重男輕女，我也不覺得被歧視，後來長大了想起來才覺得是這樣。我母親那個時代的女性有她們自已的問題。我爸爸那裡，我母親也必須要留神注意一點。

我想我是正宗的、貨真價實的「民國產品」。因從出生就逃難，先是國共兩黨難以互信，後是日本人的侵華，都要逃難。抗戰勝利後，興高采烈地去考大學，那已經是亂哄哄的局面，但我還是在金陵女大過了兩年優雅的大學生活。誰知上海被中共完全打下來後，倉促地到了臺灣。學校尚未開學，因為遇到了一個值得敬慕的抗戰大英雄孫立人將軍，結果他老人家原也四面楚歌，先是我和姐姐以「匪諜」之嫌囚禁，後來說是洩露軍機，被祕密囚禁牢中十年。我一九六三年成了美國公民，安享美國人的太平世界。但是我仍很驕傲，我身體內流的是百分之百的中華民族的血液，而且知道我的人也都說我很「湖南人」，連湖南口音也常流露了出來。

您還記得小時候的湖南家鄉嗎？

當然記得，我讀周南小學的時候，已經抗戰了。那時候我還很小，自己帶著被窩去住校。有一次我回家跟媽媽說，「晚上很冷，腳露在被子外面，那個被窩腳老是放不進去。」我家裡人才想起來，說，「哎呀，她長大了，被子不夠長了。」我上學住校，第一次回家去，我的奶媽在門口等我，看見我就哭起來，說我整張臉黑黑的，只看得見兩個眼睛還是亮亮的。太小了，洗臉都不會洗。已經丟炸彈了，走在路上危險，小學生也住校。我們家鄉的黃包車，上海人是受不了的。拉黃包車的吊兒郎當，下雨的話，還要打把傘。走得很慢。上海人到我們那裡去，說，「你走快一點好不好？」拉黃包車的把車即刻放下，說：「你自己拉。」這個笑話大家都很喜歡講的。湖南人有名的驢子脾氣。上海人都嚇壞了。上海的黃包車不一樣，你不叫他快，他都會很快，飛跑。

民國時期的大學校園

您和姐姐黃玨都是金陵女大的學生。民國時期的大學校園是怎麼樣子？

當時在北京有北京大學、清華大學、燕京大學、輔仁大學、北京師範大學。天津有：南開大學。上海有交通大學、同濟大學、聖約翰大學，復旦大學。南京有：中央大學，中央政治大學，金陵大學，和金陵女子文理學院。金陵女子文理學院一般稱為金陵女大。武昌有武漢大學，廣州有中山大學，嶺南大學，重慶有四川大學，成都有華西大學。中央大學在南京，是很好的。中央政治大學更難進，是國民黨黨校，成績要很好的人才能進去念書，一毛錢學費都不用繳，以後是要派出去做幹部，做官的。長沙有湖南大學、湘雅醫學院，那是美國耶魯大學的分院。其附設的醫院是長沙唯一的醫院。設備很好。戰時湘雅醫學院曾搬去貴州，戰後又搬回長沙，仍是一很優秀的醫學院和醫院。馬王堆出土後，很多保養的工作，該醫院作出很多的貢獻。

抗戰時期，有名的大學都遷移至大後方。北京、清華、和南開這三個大學，在昆明合為有名的西南聯大。重慶沙坪壩有中央大學。山東的齊魯大學，和幾個教會辦的學校，包括北京的燕京大學，南京的金陵大學，金陵女大，都搬到成都去了，位於成都華西壩，與華西大學校園在一起。金陵女大和華西大學都是教會學校，教會大學學費不便宜，算是貴族學校。每個學校雖在同一個區，但各做各的。那真是年輕大學生的黃金時代。日本人好像也沒有炸到成都去，大家都穿得漂漂亮亮，騎個腳踏車，很好看。那時候真是不一樣。我是抗戰勝利以後啊，才有機會去看看。我姐姐當時正進入金陵女大，我去看過她一次，好大一片地方。華西大學校園很美，地方很大，上海醫學院也在那裡，和華西醫學院合併。

一九八九年秋天，我跟我姐姐又回去看了一次，可是已經整個不一樣了。醫學院的學生一面走路一面吃飯，已經沒有當年年輕人的好看。那時候大家講究穿著和儀態（manner）。那個時代已經沒有了。

戰亂中的黃金時代：華西壩

當時的大學生在戰亂中求學，所思所想跟現代年輕人自然不同？

我不知道我這一代的人是幸還是不幸，反正是在戰亂中成長的，有好吃好玩時，會及時行樂，很自立。時局亂了，也能鎮定以對，反正有父母可靠嘛。我們這一代真正是在內外戰爭中成長的，養成了吃苦耐勞的精神，也有了一種及時行樂的悠然。因為那個時代真正變化莫測，不是我們那種年齡可以想像的，也看不到未來會是什麼。至少我是糊糊塗塗、不聞不問地過那屬於年輕人天真無邪的快樂日子。

我認識的同學都是這樣。因為內戰的戰火並沒有真正逼到我們身邊來，真正南京危險的時候，我們已經都跑掉了。很多都是國民黨的家屬，跑得快！

不過，那時候，我們大學生常有「反飢餓大遊行」，公立學校真的開不出飯來。他們的錢，政府按月給。但是我們金陵女大是私立教會學校，學費是一開學就繳了。學校把米什麼的，一開始就買好了。最苦的時候，我們本是四個菜，只是改成兩個菜而已。我們的學校，就是美國 Smith College 的姐妹校。學校不大，幾百個人而已。哈金寫的那本《南京輓歌》（*Nanjing Requiem*），就是以金陵女大為背景的。還有一張金陵女大的地圖。宮廷式的建築，現在還是那個樣子，去年我去過一次，仍叫金陵女子學院，但屬於南京師範學院的行政體系。

男女學生的交往很自由開放嗎？

很自由的，好像我們金陵女大的學生，差不多個個都有男朋友。一下課，就有男生站在門口等。我們跳舞，多半在同學家裡，大官小孩的家。我們還蠻會打扮的，那時我們已紮馬尾，在學校穿平底鞋，出去就穿高跟鞋。我從小就喜歡跳舞，也沒怎麼學，就會了。大學時候大概跟男朋友跳，很快就會了。後來南京亂了，不能讀書了，中山大學可以接受我們這些學生，我就去了廣州。那時候，還有不少同學也是從南京去的，有很多朋友。哎呀，真是好玩。所以，我雖然坐了十年牢，但是坐牢以前還是玩得蠻過癮的。

有人說民國時代的人，風度品味是不錯的。

我想當時若沒有戰爭，中國算是一個有文化的國家。那時候封建勢力的舊習慣還有些存在，而且還講究排場。我想別人看你的穿著、儀態、manner，都是重要的。一九四九年後，憑良心講，大多數人是沒有什麼派頭的。民國時候的那些清朝的官派還是留下來一些派頭，還有學者們也是。革命以後的一代，比較沒有什麼風度。

我姐姐那個時代，儀態穿著走路講話都是有指導的。比如上一屆的學長怎麼做，講究風度，下面的學妹也就不能太隨便了，自然而然就有了一種風氣。像湖南長沙的周南女中就不同一點，他們比較注重體育，他們的創辦人是個左派人士（最早的共產黨叫朱敬環），有不同的校風。我姐姐進的學校是教會學校，叫福湘女中，就很講究了，有美國老師，講話要輕聲，要住校，兩個禮拜才能回家一次。抗戰的時候，我們就念公立學校，沒有人教我們這些東西。但是功課素質很好，功課很緊。

大家都說民國人有禮貌，客氣。

因為時代不同。

大學生的衣著

私立的貴族大學裡，學生尤其注意穿著，是嗎？

抗戰剛勝利的時候，大家日子過得輕鬆一點，我們女學生流行穿「父母裝」。下面是普通的爸爸穿的那種西裝褲子，絨布呢子布都可以。褲腳邊像男人的西裝褲一樣，有摺上來的褲腳邊。上面穿短的錦緞棉襖，對襟的，單襟的都可以，穿起來很好看。褲子是爸爸穿的式樣，棉襖是媽媽穿的，所以叫「父母裝」。其實這種服裝現在應該還可以穿，設計師也可把上衣設計成各種季節的穿著，只要在上衣上，留下一或兩個中國傳統的手製盤釦，那才是真正的東方不敗的傳統華麗。

平常的穿著呢？

平常我們穿的比較西洋化，襯衫裙子褲子，旗袍很注意整潔。冬天我們就穿父母裝，很舒服，很暖和。那時候年輕女人一般都穿旗袍，不大穿長褲。長褲只有奶媽，傭人啊才穿。我們穿父母裝，穿長褲，覺得很時髦，褲子也做的比較窄一點，合身一點。我們學校對面，就有裁縫店。我們自己買布，隨便買。裁縫做衣服也不貴。我看電影上美國女人打網球穿短上衣，胃部露出來一點，下面短褲子，很好看。我家裡有縫衣機，媽媽的布料很多。我就學著自己做了一件，還很合身。反正我媽媽很忙，也不知道我在做什麼。衣服上面是圓領子，三個大的白釦子，布料是草莓紅的顏色，紅色沒有那麼深。我穿出來給我媽媽看，她說，哎呀，你不要嚇死人。但我們女大的很多穿這種衣服打網球，或曬太陽，出去爬山。那時候年紀小，女學生心思很純潔，沒想太多。

窮學生怎麼辦呢？

我們學校是教會貴族學校，比較穿得起。窮學生不來我們學校的。不過，如上海市市長錢大鈞的女兒也在我們金陵女大念書，他的女兒穿得很樸素，藍布褂子，黑皮鞋。錢大鈞有一個兒媳婦，也在我們學校念書，不曉得是不是寄讀的。她不一樣，穿得很華麗，都是錦緞的衣服褲子，每天都香噴噴的，經常坐在我旁邊。而我是穿粗布衣服褲子上學的。我們都燙頭髮，上大學就可以燙了。中學生不可以。冬天秋天還可以穿夾袍或棉袍，有活動的時候就穿。大學生喜歡穿什麼就穿什麼。想樸素一點也可以，想漂亮一點也可以。開舞會的時候，我們就穿得漂亮一點。我們女同學穿衣服會借來借去的，換換新鮮。我有一件紫紅色帶銀花的夾襖，穿起來很合身，我常穿，大家都說好看。就是夾層的旗袍。旗袍有單層的，雙層的，那件是雙層的，就叫夾襖。有時候同學來跟我借，我也跟他們借他們的衣服穿。可惜那時候的照片都不知道跑到哪裡去了。我去坐牢，後來孫立人的隨從陳參謀告訴我，我的東西，他都給我收到保險櫃裡了。我坐牢出來，心裡想一定都掉了，也沒有想到去找回來。其實，那時候應該去跟陳參謀問問。但是後來，他因為郭廷亮案子也被牽連關進去了一陣子。那時候，大家都很倒楣。

還有照片嗎？

還有一兩張。我那時候已經在廣州了，還有一兩張照片留下來。這張就是在南京的時候，很時髦的，紮馬尾巴，穿一件露肚裝，緊身的，下面是短西裝褲，穿著打網球。我自己做的，粉紅色的。我媽說：「哎呀，你不要嚇死人了。這不能穿出去。」但我們金陵女大便有人穿了去打網球，曬太陽，爬山。你看，這一張便是我穿出去玩。我姐姐比我更愛穿，比較帥，洋派，走出去別人都要看的，因為有派頭。還有一張在廣州，我跟姐姐在黃花崗，就是學生的樣子，我頭上大蝴蝶結。衣服也不土，很神氣文雅。這張是在玄武湖坐船。我那時候在修牙齒，裝著牙套，不敢開口笑。在中山大學借讀，那些男生很壞，每次都說：「啊，黃小姐，滿口金牙。」我一聽，就大笑起來。這張是我已經在P.X.工作了。一點打扮都沒有啊，剛吃完蚵仔麵線。我們男孩女孩交往比較開放，手把手是可以的，但是還是很規矩，很保守的。

戰亂的彷徨

剛才你說抗戰時候大學生玩得很好，但以前我們聽見的都是八年抗戰，物資匱乏的艱苦啊。

八年抗戰時是很苦，但我這一代尚在中學，而中學都在很寧靜不愁吃穿的鄉下。至於那些大學生，相反地，他們生活雖清苦，仍是充滿了希望和快樂哩。一九四八年冬天，局勢就開始緊張了，考試也就馬馬虎虎了。日子過得糊里糊塗的。共產黨說來就來了。一九四八年春天，我回家的時候，我媽媽還問我：「蜜子，你們南京有沒有共產黨啊？」我說：「沒有啊，一個都沒看到啊。」等放完假回到學校，才發現不得了，學校要關門了。一九四八年冬天，那就很緊張了。從一九四八年到一九四九年，我們都說及時行樂，但是那時候我們確實也好可憐，不知道做什麼好，在大街上走來走去。大家在那裡講誰誰誰要到臺灣去。記得有一個同學說她不能去，她的父親被調到重慶去了，她也要去重慶。不久就聽說重慶大火，好慘。不曉得他們怎麼樣了。我們大學生就開始逃難了，有的去了廣州中山大學，也有人去廣州的嶺南大學。我們金陵女大所有的檔案都早送到 Smith College 去了，所以其實學校早就知道政治上的局勢了，只是我們學生傻乎乎的不知道而已。

及時行樂的背後，是嚴酷的戰爭。

大學生當然是知道時局很亂，很擔憂，但也不知道做什麼。又擔憂，又及時行樂。我從小就有戰亂，先是抗戰，後來是國共內戰，所以也習慣了。反正不來轟炸我們就做自己的事，來轟炸了，我們就跑。習慣了。

我們想像的戰亂時代的人們，要不就是醉生夢死，要不就是愛國抗戰，好像是兩種極端。

這都是後來的人分析出來的。我們哪裡知道這些。

國民黨政府搬到廣州，蘇聯的大使館第一個跟著國民黨跑到廣州，但國民政府有一部分是搬到重慶去的。什麼都不一定。因為蘇聯要避嫌，讓人知道他們跟中國共產黨沒有關係，不是他們搞的。需要做個樣子。這就是玩政治。那時候第一個變心承認共產黨的是英國，可是他們又剛剛才送了兩條兵艦給國民政府。有一個小一點的艦，叫「靈甫艦」。那時候國際政治就是這樣。

張靈甫，在山東被共產黨包圍，打不過，就自殺了。他是美男子，太太很年輕才十七歲，肚子裡懷著孩子。老蔣最喜歡他，紀念他，就是因為他自殺，後來孫立人有幾個部下從大陸回臺灣來，老蔣把他們關起來，說：「人家張靈甫能自殺，你們怎麼不自殺？」那幾個人是打不過被俘虜的，後來到了臺灣。老蔣總統那時候，總叫人為國捐軀，他自己不也是往臺灣跑？他到臺灣的時候，軍艦在海上轉來轉去不敢登陸。陳誠告訴他，那時候還不安全，不能登陸。老蔣打電話給孫立人，孫立人說：「你走高雄碼頭上來，我親自到碼頭去接你。」你看，後來老蔣卻把他軟禁了三十多年。無毒不丈夫啊。

審視民國

您認為後世的人講到「民國」，會怎麼評斷呢？

整個中國史，貪汙腐敗的時間很多，偶有自潔愛民之官吏，但卻很少。即是英明的乾隆皇帝身邊，還有一個貪得無厭的和坤。中華民國自成立以來，內憂外患不停，貪汙的，混水摸魚的，無法治理。唉，那是一個很短暫，卻也是中華民國掙脫帝王的統治，而走向共和的分水嶺，在綿綿不斷的中國歷史中，「中華民國」確是承擔了一種歷史中重要的轉變。孫中山先生在臨終前，說了「革命尚未成功，同志仍需努力」這樣的話，大概就是說這個。

出獄以後

您坐了十年牢，出來以後是什麼情況呢？

我從牢裡出來，每天到處玩，好開心。

我姐姐沒有我痛快，她因為有男朋友一直在等她。出來以後，很快就結婚了，馬上有了孩子，要帶孩子，沒得玩。後來，我的姐夫，就是黃珏的丈夫，說，你快點找一個人嫁了，我懶得每天晚上給你開門。我家裡人不給我鑰匙，怕晚上幾點回來他們都不知道。我們家還有一個退伍軍人看門，叫老徐，他每次來給我開門，都說，「哎呀，太好了，四小姐你回來了，我可以去睡覺了。」因此，我也不敢太晚回家去。從牢裡出來，我在復興電臺做編輯，每天寫稿子，簡直都要江郎才盡了，便轉去美國顧問團工作，後來就跟Bob結婚，跑到美國去了。

從牢裡出來，便在復興電臺當編輯，每天要寫短評，趣聞，和廣播劇，大半年後有江郎才盡之虞。而且我覺得自己的英文會話快生鏽了，就有朋友介紹我去美軍顧問團的P.X.工作。本來「上面」是不許的，後來一位朋友告訴了美軍中的一位上校，這上校告訴有關單位說，這工作並無機密可言。「上面」便讓我去了。我真是好高興。去P.X.的美國人來自美國各地，雖有不同的鄉音，但漸漸地我的英語都能對答了。最有趣的是我交了兩位好朋友，一名愛娣，一名秀清。她倆小學畢業時，我便坐牢去了，等我出來去P.X.工作時，她倆剛大學畢業。發覺我變得有些鄉下人似的，下了班便帶我出去玩。她們說我是坐牢去了，耽誤了學習吃喝玩樂，要替我惡補。所以下了班，便帶我玩，玩到每天晚上，坐最後一班公車回新店家去。

那時我媽媽尚有一屋在永康街，因需錢用，便讓我在休假日去坐在那兒等。有人來買時，便可談妥。那時永康街尚不很有人注意，老不見人來。而愛娣和秀清一下班便來，在屋外大喊：「Mimi, Let's go!」我一聽，忙鎖了門跟她們跑，一點經濟頭腦也沒有。但我是很快樂的。因為沒有時間去回憶，在大陸那段時間何去何從的迷惘，和後來十年的監禁。那些苦楚似乎不曾在我心中留下何傷痕。就這麼簡單。

後來我和我的美國先生結婚。他的工作是美國政府的糧食救濟工作，如臺灣，金門，馬祖和肯亞，甘拉的學童午餐；還有小額的工程，比如澎湖的碼頭，釜山難民的廁所，香港難民的造麵條機，韓國漁民漁船的安全改造等等。一九六八年馬來西亞的動亂，華人區數日無糧食，他請印度人開了卡車，用印度人做保鑣，在華人區分送美援糧食。還有越南的難民工作，也使他常離家久久不能歸來。雖然名義上是天主教福利會來做這些事情，為全世界所需要的人服務，但卻是美國政府的錢、糧食，還有世界各地的捐款。美國政府知道那些獻身神職的神父最知道當地人民之所需，所以託給天主教福利會來做。我覺得我先生的工作是很有意義的。薪水雖然不算高，但也尚安適充足。雖然沒有P.X.的福利，但工作人員若在外國娶了外國的女子為妻，只要回美國度假時，兩星期內便可宣誓成為美國公民，並拿到美國的護照。因為她們的先生的工作常是要世界各國去跑的，妻子必須配合。至於其他外交人員，儘管地位雖很高，外國妻子也要在美國至少住半年才可申請入籍。這些都是我嫁給我的先生前，沒有想到過的。

那時候剛從牢裡出來，我和姐姐還不敢單獨跑到臺北去。在新店，哎呀，覺得好快樂。我認識了一個同事，是空軍太太。那時候她在學做頭髮和化妝，找我做模特兒練習。做好了頭髮，大家都說好看。那天我剛好穿了旗袍，坐公共汽車回家的時候，在路上看見一個很小的照相館，就跑進去照了一張照片。就是《烽火儷人》的封面照片。那照相館連底片都給了我。

回顧這段民國歷史，您是否依然唏噓感慨？

是的。那亂世不是一個小女子可能左右的，能存活也要謝謝上帝的呵護。

寫作

談談您的寫作吧。

我寫文章，正式成書的第一本是遊記，叫《八千里路雲和月》，後繼有《傷痕》，《不與紅塵結怨》，《歡喜》，《深情》，《馬丁尼酒與野火》等散文集。有小說《流轉》、《沉沙》，《烽火儷人》。並為德維文學會主持《世紀在漂泊》詩集，並收集《文學與佛學的交匯》這本由名學者們的寶貴意見的集子。又主持由名作家曉亞主編的《世紀在聆聽》，收集海外名作家之散文精品。德維文學會的基金是二〇〇一年國民政府給我十年冤獄的補償金。現在我們在準備一本極短篇小說集子，叫《世紀在回眸》。

您很小就開始寫作了，是嗎？

寫作是我的喜愛。九歲便被戲稱為詩人，曾在高中一、二年級時曾得過全國青年寫作競賽的第三名，後來知道第一名即《藍與黑》作者王藍先生。

只記得當時我寫的是間諜故事。小孩子的想像力豐富，亂扯，早忘記了。念初中時，我在湖南藍田念書，那裡有一個師範學院，學校裡有一個有名的教授，名字叫儲安平。他的太太是留學英國，學音樂的。長得其實並不算漂亮，但是在我們的心目中簡直是美得不得了，所以我編出了這個故事。不過是一中日混血的女間諜，真會扯，我的故事叫什麼名字也不記得了。那個時代間諜的故事比較多。抗日的時代。我就是看那些書。那時候間諜小說多，什麼《第五號情報員》、《夜光杯》等。有一個劇本也是間諜故事，說的是毛人鳳的太太的故事。說一個女人被派去殺殷汝耕。小時候看多了，自己也胡扯寫了一個，說給同學們聽。我高中的同班同學都說，你在哪裡找到這樣好看的小說？我說，是我自己編的。他們都很驚訝。那時候聽說有徵文，同學們都鼓勵我去參加徵文比賽。但是我的字寫得太差了，有一個同學字寫得好得不得了，她自告奮勇，幫我謄稿去參加。居然得到一大筆獎金。那時候我也真小氣，得了獎金，也不知道請同學去吃個飯。

得了多少獎金呢？

獎金很不少，好像是四萬元。錢那麼多，我不知道怎麼用。我三姐姐要去念大學，我就請她幫我帶到重慶，託做生意的親戚買一點值錢的東西。我們親戚就幫我買了橡膠股票，那時候橡膠不得了啊，做車子輪胎什麼的都需要。後來我在金陵女大念書的時候，還收到通知說值六百萬，現在我還保留著。獎金是四萬，一直賺錢，積到六百萬啊。我媽媽和二姐夫一天到晚講的都是黃金美鈔，他們一點也沒有想到去幫我兌出來。至少也有幾條黃金。所以，我想想我媽媽也太瞧不起我了，她大概以為我是小孩子玩意兒。想想真是可惜，也怪我沒有財運。大概媽媽總覺得我是一個小孩子，不可能賺那麼多錢。我媽媽老覺得我是在做夢，每天夢遊一樣。

你雖然在戰亂中長大，但是有財務概念。

反正那時候，尤其抗戰以後，一直在印票子，每天一分分地不值錢。不貪汙的還是有，我的爸爸就是，只拿薪水回家。我媽媽一有了錢，就買穀子，再賣出去。穀子生穀子，我媽媽積了錢，也買田。我們上學才要兩擔穀子，吃不了那麼多。有一天我媽媽跟我說，她要買一點地。我靈機一動，說，「媽媽你不要買地。以後土地都要國家公有的。」我媽媽一聽，嚇壞了，以為我做了共產黨，說，「你這是哪裡聽來的，去哪裡學的，土地要歸國家公有？」我說，「這是孫中山《三民主義》說的啊。土地歸國家公有。」

我媽媽到臺灣帶了四百兩黃金，就是因為時局已亂，一位師長太太看上我家在長沙東鄉的好大的房子，很好，有一百個房間。那是原來我媽媽便宜買下來的，媽媽趕快賣了，賺了錢。然後，大大方方到臺灣去。我媽媽只是一個小地主，比我媽媽有錢的人還多得多。但我媽媽腦子清楚，她想那時候是亂世，房子能出手還是要出手。我爸爸就不一樣，他滿口國民黨的口氣，一天到晚反共產黨，沒有危機意識。我媽媽老跟我們姐妹說，「你們要是聽你們爸爸的，褲子都沒得穿。」我這裡還有一封信。我爸爸在抗戰以前，跟上海商務印書館訂了一套「萬有文庫」，一共四百冊。抗戰勝利以後，他們真的寄來了。一九四九年，一本一本寄來。上海商務書局真是好啊，時局這麼亂，他們至少還給你一個信。這封信我捨不得丟掉，是一個紀念。我是一九四九年五月到臺灣的，這封信是我到臺灣以前寄出來的。

你的散文書取名《傷痕》、《不與紅塵結怨》、《歡喜》、《深情》等，側寫戰亂年代，一個美麗單純的女知識分子的十年冤獄。

我的散文寫的都是我的所見所聞所感。我寫的小說也總有其時代背景，不都是空穴來風。我真正認真的寫作是我在美國退休以後。

我不知為什麼會寫那篇〈月白刀傳奇〉。但卻真是一氣呵成，還真有讀者每天等著要看那篇傳奇。其實是有一天，我偶然想起了一段往事。記得在屏東孫立人將軍家時，看到他室中的日本方桌上，擺著一個刀架。架子的上一層，擺了一把放在黑皮鞘內的刀，應有一尺多長吧。架子下層放了一把一個式樣的短刀，也在黑色皮鞘內。我雖不懂日本文物，但我有審美觀，先以為是兵器，但越看越覺其美。只是覺得大刀應在下一層，小的應在上一層。我試著搬動了一下，但看看還是原來的擺法好看。我又擺了回去。孫將軍站在我後面看著，這時他說：「這是日本的武士刀。有他們一定的格局的。」我說：「大概是的。」我又很不知上下的說：「我好喜歡這刀，你有那麼多的兵器，這個便給我好嗎？我一定好好保管。」我以為他一定會說NO。但他很開心的笑道：「很少有女孩子會喜歡這種東西的，你喜歡，這就是你的了。」我開心的跳了起來！他也很高興竟有一同好者。但我並沒有把那刀搬到我自己房中去，因我的房間沒有這樣的空間。但不久，我離開了那裡，沒有再回去。有時想想，大概那刀也不願跟個女人走天下。後來我發覺我的丈夫禮士Bob也愛收集刀，不過他收集的不是酋長送他的，便是原居民給他的，或者是他自己在鄉村野店買的。後來他生病了，對他的刀也不再瞧一眼，即算我從蒙古買回一把銀刀給他，他也只說了聲謝謝，並不曾把玩。

也許是因為這些拉扯，使我想起，我不是有一對很有分量的日本刀嗎？也許那把真刀會使他快樂一點。姐姐來美國時，我便請姐姐回臺灣去時和靜姑姑說。靜姑是政大的教授，孫將軍的堂妹。我請她去她二哥那兒說，我要我的刀，請他交給靜姑，再交給妳幫我帶來。我現在有地方可放了。我姐姐果真告訴靜姑。靜姑和我姐姐是無話不談的朋友。她果真跑去臺中見她的二哥。孫將軍深深嘆了口氣道：「唉，我出事的那一年，所有的槍刀都沒收掉了。若還在，當然還是她的。」同時他又告訴了靜姑，在他出事前，叮囑過軍需，每月從他的薪晌中，扣點錢送去給老太太，不知老太太有沒有收到。靜姑說，「二哥，沒這回事的，誰敢去送？老太太又常搬家，她告訴過我，只在兩個女兒剛出事的那兩個月，收到她們兩人的薪水，以後，就再不曾見公家有人送錢來過。她自己刻苦的過日子，金子也不能亂花的。還得想到後來的日子啦。」孫將軍聽後，長長的嘆氣。這便是我離開孫將軍後和他最後一次，也是唯一的一次，簡潔地通了一次情況。

您在八十歲那年出版了《烽火儷人》，以小說文體寫出六十年前，在國共政治黨派糾結，各派勢力纏鬥的氛圍裡，與孫立人將軍不為人知的一段情。這段戀情公開之後，各方的輿論和壓力想必不小？

我是八十歲後才寫《烽火儷人》的，寫我那段青春歲月的茫然和奇妙的甜與苦。我寫《烽火儷人》不是未經考慮的，也許因為年紀大了，回看那一點情，也是溫暖令人難割捨的。寫下來就沒有遺憾了。一種真正的放下和解脫。我很客觀的認為，我是能十分冷靜的來面對那段理還亂的情緒的。這書我本名之為《小樓箚記》，但出版社說這樣的書名不會有吸引力，堅持要換成《烽火儷人》。我當然只有聽從專家的話。有一些可愛的好心人很欣賞我的作品，他們（她們）是真正站在一種情的定位上，來看我的這本書的。

可以多談談這段感情嗎？您在一次訪談中談到，當初和孫立人將軍的感情，是：「醉了，但是醒來卻很痛苦」。

愛情確實是一個讓人迷惘的問題，很多人活了一輩子，也還弄不清愛情到底是什麼。但我覺得在南臺灣那棟小樓裡的一段時間，是很值得珍惜的。我想孫將軍也應該很珍惜那段小樓的歲月。

您在書裡，描述女主人翁的迷惑和罪惡感。當時您是不是也感受到道德的困境呢？

亂世裡，每個人都有自己不同的命運和際遇。這不只是情慾和虛榮心的故事。每個人帶著各自不同的背景和故事，在那歷史的時空裡，有一個交集。這個短暫的剎那和緣分過去以後，故事也就消散了。我原來的書名，是《小樓箚記》。到現在，我都還很珍惜那段日子。我很崇敬孫立人將軍，而對戎馬生涯的孫將軍來說，我大概也是「新鮮的空氣」吧。我成長的年代是是戰亂的年代，女學生對英雄都有特殊的崇拜和愛慕。我念初中時，看了張群寫的《蔣介石傳》，也佩服得不得了。後來在臺灣，雖然蔣介石把我們關在牢裡，但因為心裡覺得他很偉大，我還跟牢裡的獄友爭論，為蔣介石辯護，那時候真是很單純幼稚。我到金陵女大念大學，馬上就認識了一個家世很好的男孩。我們都愛跳舞，兩人玩得很好。他比我大幾歲，已經開始工作，想跟我結婚。但我當時年紀還小，心高氣傲，想好好念書，想將來出國留學。他很失望，就分手了。

孫立人將軍是有家室的人。孫太太好幾次跟我說，她是不會離婚的。她說在臺灣，除了孫立人是她的丈夫之外，她一個親人都沒有。我聽了非常難過，身為女人我當然是同情她的。所以我想我一定要離開，走得遠遠的，最好是出國。他是個可愛的男人，說我不愛他，那是假的。但我是讀過書的，有年輕學生的志氣，絕不能當人家的姨太太。孫將軍是有道義的人。但是，我很痛苦，也想過自殺，乾脆死掉算了。

時局混亂，戰爭和新舊交接的時代，一切都很迷惘失望。是的。他給我一種安全感。再說，二十歲左右，懵懵懂懂，誰真的懂愛情？那時候只要你跟一個男人跳舞，別人就說是那是你的男朋友。回頭看，上帝對我也還不錯。在牢裡關了十年，後來跟Bob結婚以後，全世界到處跑，也好好玩了十年，算是彌補過來。你關我十年，我就玩你十年，也不算吃虧。只能這麼想。

您覺得自己是個有韌性的人嗎？

有人在我的網上罵我，我也無所謂。因他們不是我，不知道當時的情況。反而是一些年輕讀者，如我當年那樣年輕的人，欣賞我的作品。他們是真正站在一種情的定位上來看我的這本書的，是真正懂得情和愛的文學愛好者。我也不生那幾位罵我的人的氣，因這些人是從道德的觀點出發的。我並不以我這段情自豪，心中總有份憐恤。一位在複雜的政治情況中，曾經坦蕩地，為國拚命流血的將軍的寂寥，我並不真正了解，但是總為他有所牽掛。

一九五五年，也許是一九五四年，他調成參軍長後，定有所覺，送了三百元臺幣給在牢中的李鴻將軍，三百元給陳鳴人將軍，還有所有跟李鴻將軍一同坐牢的軍人。他們都住在我和姐姐的隔室。我和姐姐便很不平的說，奇怪了，為何不給我們兩人呀？但我們收到了他要陳良壎把他唯一的一本 Gen. Joseph W. Stilwell 寫的《*The Stilwell Papers*》送到我媽媽家，要我媽媽轉寄給我們。我們收到那本書便很生氣，說誰要看這書。但我稍稍翻一下，就明白了。他要我們知道，他曾為國家，為世界都出過力的。因此，我一直好好的保護著這書。若看守長來查牢房時，我便把這書放在枕頭下。其實那看守長是一個很知情達理的人，這書既可送進來，便不是禁書了，何況是英文的。女作家趙淑敏教授曾跟我說：「你還可以和一些人談談你心中的委屈，但不管他（孫立人將軍）身邊有什麼人，都無法提及你們兩人的那段情，和他內心深處的那種牽掛。」是嗎？淑敏，我相信你是對的。若他的家人想要把這本書要回去，放在他的紀念館，我也很願物還原主。只請不要把我留在上面的字塗抹掉了。

回想這段往事，一定感慨良多。

當年，我母親和姐姐很順利地到了屏東，一切都那麼充滿了陽光似的，卻沒想到結果是如此不堪。我和姐姐莫名其妙地坐了十年的黑牢。父親匆忙來到臺灣，見到我們的情況，竟是束手無策，就急死了。我母親獨自的承擔一切。

回想那年我到屏東不久，有一次隨車去火車站接從臺北回來的孫將軍。他坐進車時，一語不發，車開後，突嘆了口氣說道：「就是找不到學兒童福利的人，託人在臺北找了這麼久，也找不到。」我說：「我姐姐便是學兒童福利的，才剛畢業。」「在哪兒？」他驚訝地掉轉頭來問我。我說：「她在廣州的聯合國兒童福利園工作。」他驚喜地道：「快請她來。陳參謀，快打電報去廣州辦事處，去請她來，她住在什麼地方？」我說：「那兒童福利園的地址我不記得了，早兩天你不在家時，我的姪女婿王軍長來過，說我的母親已到了廣州，現在我姐姐陪我媽媽住在愛群酒家。」「那好找！」他馬上吩咐坐在前面的陳參謀快打電報去廣州辦事處，把她母女找到，即刻送來臺灣，我急著說：「快呀快呀。」陳參謀笑道：「不問你還不說，現在又這樣著急了。」「唉呀，我不知道去哪兒申請入境證哪？早兩天王軍長才來告訴我的，說我媽媽只知道她家的四小姐是來臺灣找她的，現在卻渺無音訊了，因怕共黨馬上會到廣州，便預先和另一太太去香港看看房子，真希望她們尚在廣州。早不知道你們可以申請到入境證。」孫將軍，陳參謀，連司機田排長也笑了。

一九五五年，孫將軍被軟禁，直到經國先生去世。現在一切落幕了。

所幸中央研究院的學者們，在朱浤源教授的引導下，為後人留下了這一本厚重的《孫立人上將專案追蹤訪談錄》。這是一段七彩繽紛的近代史。令人喝采，也令人淚下如雨。

二〇一二、十二、一

大隱高雄的余光中夫人

范我存

范我存：余光中夫人，一九三一年出生，祖籍常州市武進區雪堰鎮。幼年時在四川樂山念書，一九四九年到臺灣，民國一九七四年隨夫婿余光中遷居香港，一九八五年後定居高雄。一九九六年開始在高雄市立美術館擔任導覽，長達十八年，口碑極好。多年自學鑽研古文物、古玉、和古玉配飾，曾出版《玉石尚：范我存收藏與設計》。

”一個夏天的早晨，我在高雄的愛河堤畔，尋到沖淡雅正的余光中夫人，范我存女士。

老友麗娟與余師母是高雄美術館導覽的多年同事，常告訴我余師母的博學多聞。

麗娟和我先在愛河邊，大廈拐角的一家早餐店見面。週末的早晨，年輕夫婦帶著孩子來吃早餐，孩子還沒全醒，呆著臉揉眼睛。爸爸替他拎著山葉鋼琴班的小書包，媽媽端著三份豆漿和蛋包三明治盤，小心翼翼地走過來。

這就是詩人余光中和夫人「大隱」長達三十三年的高雄。閒適、潮熱，草物生猛，汗水津津的港都。

大廈門警沒等我們開口，就要我們：「大包小包不要拿上樓，放我這裡保管。余師母在樓上等你們。」

果然是南臺灣，一切心知肚明，半句嫌多。接著卡卡鐵門鬆動，放我們進去。

幾年前，來拜訪過余光中老師和師母。千里相隔，諸多耽擱，訪談一直沒有完成。再次造訪，已是余先生過世九個月之後了。

八十七歲的師母早備好了茶水點心等我們。她思路明快，語音如水。大串人名年代，諸多文壇的記憶，娓娓道來，猶如昨日。

余先生形容婚前的師母為「雨後紅蓮」，稱婚後的師母：「賢內助，好外助，常牽手。」張曉風老師說余師母，「沖淡雅正」。我為師母添八個字：知書大氣，水波不驚。

【偕同專訪】

容麗娟：高雄美術館資深導覽，曾為《臺灣時報》與高雄美術館《藝術認證》雜誌撰寫專欄，並出版童詩集《喜芾的花園》。

“

高雄的融合力

臺灣的文學圈子，以臺北為主。多數出版社，文藝活動都集中在臺北。您和余光中先生為什麼選擇長住高雄呢？

算算，高雄是我們這輩子定居最久的地方了。一共住了三十三年。幾十年來，我們和家人從大陸到香港、臺灣，從臺灣到香港，種種因緣際會，又回到臺灣。臺灣還是比較安定的。你們這一代人沒有經過戰亂，戰亂是很可怕的。

一九八五年，我們從香港搬回臺灣，一九九一年，余先生從中山大學退休。退休後二十多年來，還一直在中山大學教課，學校的研究室也保留著。其間前後經歷了中山大學六任校長。

我們剛回高雄的時候，臺北的朋友都說，你們怎麼跑到南部去了？那麼遠。有時還會有人問我們，「你們什麼時候回香港？」臺灣的文學圈還是在臺北，海外回來的人，也多半是到北部。但臺灣不僅僅只是臺北，高雄有高雄的樂趣。當年我們如果回臺北，應酬會多得不得了，一搞不好我們就成了「地標」，還是高雄清淨一些。

我們在高雄，交了一批朋友，都是普通實在的高雄人。大家相處得很好，他們願意親近我們，我們當然也願意跟他們做朋友。比如攝影家王慶華，他拍墾丁需要詩文配合，就找了張曉風、羅青、余先生等人。他是恆春人，一個粗獷的大漢，本來是高山嚮導。成了朋友以後，他常帶我們進入民間，去墾丁露營、爬山，非常好玩。那是我們到高雄的第三年，出門都由他安排住宿行程。當時臺灣沒有什麼民宿之類的，就在野外搭帳篷。後來我們的研究生也跟我們去。王慶華帶我們到處玩，帶我們和研究生去玉山，他從頭到尾安排張羅，安排得非常好，大家玩得很盡興。我和其他女學生要上廁所，得去附近廟宇。他在前面把手風琴領隊，我們就排隊跟在後面。真是好玩。

我們平常過日子也保持低調。有時候坐計程車回家，告訴司機回某某大廈。有一次一位司機說，你住某某大廈啊？聽說那棟樓裡，住了一個著名作家，寫詩的喔。我就說，「我也聽說過。」

我們在高雄三十三年，各行各類的朋友都有。本省的朋友比外省的還多。他們都是很有意思的人，各有所長。比如朋友林琴亮是澎湖人，原來是做船運的，後來不做了，去種蘭花。在六龜蓋了一個木屋，他不算藝術家，但是藝術的眼光特別好。人們願意親近我們，我們很高興，也願意跟他們交流學習。當然，來親近我們的人，大部分都是因為看過余先生的詩和文章，心裡有一些認同和默契。並不是毫無理由就來找我們的。我們對人，一向沒有分別心，但社會上大家各有立場，想法不同，也是無可奈何的事。

我在高雄美術館做了十幾年的志工導覽。介紹展出的時候，我常喜歡問觀眾，為什麼巴黎，紐約這些城市會成為藝術之都？我覺得，那是因為它有包容力，如果只能接受本土的藝術，就太單一了。只有從「非本土」的視野，才能凸顯「本土」的特色。

巴黎博物館是不是收藏了西班牙畢卡索的東西？紐約大都會博物館不是也收藏了許多歐洲的藝術品？二戰中，歐洲的藝術家紛紛逃到紐約，所以紐約的藝術界就豐富多元起來了。外來的東西能豐富當地的藝術，如一個地方只有本地的藝術家，沒有外來的，那會是什麼情況呢？世界上不同的文化族群不必要分得那麼厲害，多元不是很好嗎？還是應該多接受一些別的文化，藝術才能豐富起來。

我們的經驗是，不管哪一國，哪個地方，哪個黨派，都有好人。因政治的關係，或有不同的派系，但這不表示仇恨。比如我年輕時去買菜，大包小包，臺灣菜販就會說，妳拿不動的，妳住在哪裡，我做完生意，幫妳送回家。我們在香港也是這樣，人跟人之間，不會有那麼多仇恨。

余先生跟我說過他小時候逃難的事。他和家人在路上逃了一年，躲在太湖，江蘇的小鎮裡。每天大人都要出去打探，看看日本人打到了哪裡了。一次他和母親逃到一個廟，看見日本軍，就一起躲在神龕下面。那時余先生還小，不到十歲，隔著布幔縫隙可以看得到日本的軍靴走來走去。他從布幔裡，看見日本兵在虔誠禮佛。

還有一次在太湖邊，打聽到有一條運送麥子的船要往上海去，余先生和母親搭上這條船，航行中必須經過一個橋洞，忽然風浪大作，接近岸的時候，船撞到了橋墩突然要沉了，岸上的日本兵看見，還丟繩子給他們。後來他受了驚，有一個日本兵還買了一碗餛飩給他吃。所以，日本兵還算救過他。

作為獨立個體，多半的人都是善良的，不會毫無理由傷害別人。但在集體的情況下，就很難說了，善良的士兵也會很殘忍，會傷人。

在香港的時候，凡經過香港的臺灣朋友，都會去找我們。我們就很高興地接待。

您和余先生於一九八五年從香港搬回高雄，是中山大學剛剛開辦的時候。

一九八〇年代初，李煥在高雄開創中山大學，海內外四處奔走，延攬人才。當時中山大學的英文系主任是黃碧端，她告訴李煥，這時候請余光中回臺灣，可能說得動他。原因是一九九七年香港將回歸中國，香港人中，有一波出走潮。於是，李煥趁余先生應宋楚瑜邀請回臺灣頒發一個獎項的時候，在一次早餐聚會上，提出請余老師回臺灣擔任中山大學人文學院院長的事。我們考慮了一年，第二年余先生回高雄客座一年，第三年才決定整個搬回高雄定居。

那年是一九八五年，余先生五十七歲。他已算是元老了，比其他到中山應聘，平均年齡在三十七歲年輕人才，年長許多。但我們一到中山大學，李煥就離開高雄，到臺北出任教育部長了。中山大學在高雄創校，校風開放寬容，教員家庭初到高雄，人生地不熟，學校辦了「眷屬聯誼會」。平常大家聚在一起，有一些活動，比如親子教育，幼稚園，請人演講，書法班、健康講座、蔬果參觀，大家熟悉了，彼此幫忙，成為很好的朋友。

二十年前，我開始參加高雄美術館的志工導覽團隊，也參加了中國結班，覺得很充實愉快。

從書架開始的愛情

在余光中老師的詩裡，常讀到您的身影，尤其是他早期的作品：〈等你，在雨中〉，〈咪咪的眼睛〉，〈靈魂的觸鬚〉，〈當寂寞來襲時〉，還有後來的〈珍珠項鍊〉、〈三生石〉、〈東京新宿驛〉、〈停電夜〉、〈私語〉、〈削蘋果〉、〈風箏怨〉等。尤其是〈等你，在雨中〉：「等你，在雨中，忽然你走來，步雨後的紅蓮，翩翩，你走來，像一小令，從一則愛情的典故裡走來。」很想聽聽您們的故事。

我的母親跟余先生的母親是堂姐妹，都姓孫。我和余先生是遠方表親，余先生二〇一七年底過世，我們結婚共六十一年。我們的志趣和人生觀都很接近，也有相同的生活背景，六十多年生活在一起，幾乎沒有過什麼衝突和不愉快。

我第一次見到余先生，是抗戰勝利之後。那時我十四歲，余先生十七歲。我在南京念初中，住在我大阿姨家，余先生也隨父母住在南京，我們在阿姨家見過一面。記得余先生那時候理了個平頭，穿件藍麻布制服，看起來有點嚴肅，又有點羞澀。我常聽姨媽說這位表兄書讀得很好，不但中英文都好，還有繪畫天分。我們第一次說話，就是說四川話，因為抗戰時都在四川住了七、八年，都是青少年成長的那段時間。後來，余先生寄了一份刊物給我看，裡面有他翻譯的一首拜倫的詩。我那時候不懂外國詩，但覺得他很有文采，很佩服他。

一九四九年，我因為內戰回到上海，與母親同住。那時候大家都準備要去臺灣了，余先生和母親也到了上海，要轉道去香港。

後來，我們兩家都到了臺灣，再見面的時候，余先生說：「我在上海的時候，看過妳的書架，知道妳在看什麼書。」我問他，「那你看過《戰爭與和平》嗎？」他說，「看過啊。」我又問，「看過《安娜卡列尼娜》嗎？」他回，「也看過啊。」然後他問我：「那，妳看過《圍城》沒有啊？」我說，「沒有。」他說：「好，那我借給你看，很好看的。」

我們倆第一次見面說話，就是說四川話。那是因為抗戰時，我們都逃難到四川，在那裡讀書長大，住了七年。後來我跟母親回到蘇州，同學裡也有不少是從四川回來的。那時候，凡抗戰回到原籍的同學聚在一起，就會講四川話。我那些蘇州的同學很羨慕我們，也跟著我們學四川話。我們自己好像也很驕傲，覺得自己是「抗戰兒女」。一直到現在，我和與余老師兩人在家，也都講四川話。

愛情走入家庭之後，您從「雨後的那朵紅蓮」成了詩人能幹的妻子。也是余老師口中的：「賢內助，好外助，常牽手」。

余老師給人的印象是內斂嚴謹，筆下鋒芒畢露，做學術細心嚴謹，連寫字也一絲不苟。這是他在外面的樣子。在家裡，他跟在外面不一樣，平常喜歡講笑話，很幽默。

我和余先生結婚前和結婚後，都持續幫著余先生謄稿，直到生了孩子後，我就沒有時間抄稿子了。後來孩子多了，成為八口之家，當時沒有洗衣機，也沒有現成的衣服可買，孩子的衣服都要自己動手做。余老師專心寫文章，教書，備課，那時主要是在師大英語系和政大的外文系，教英國文學史，要花很多時間準備，還在好幾個學校兼課，淡江，東吳到處跑。有一段時間，週末還到東海大學和聶華苓分教中國文學史，生活真是非常忙碌。

早年余先生除了翻譯，寫詩，編輯《藍星週刊》，《文學雜誌》的現代詩欄目，《現代文學》的白先勇等人出國後，還幫忙代理編輯過《現代文學》。那時候由余先生和姚一葦、何欣三個人輪流編《現代文學》。大家開玩笑說，要知道哪一期是誰編的，看發行地址就行。如果地址是泉州街，就是何欣編的；如果是廈門街一一三號，就是余先生；另一個就是姚一葦的。

後來，我們在生活上也基本都很忙碌，互相扶持。

家庭和工作合而為一，基本上是您配合余先生。

可以這麼說。別人都說余先生的手稿非常工整，幾乎沒有塗改。一般如果是寫長篇的東西，比如早期翻譯的《老人與海》，是余先生先把譯稿一張張交給我，我謄寫出來以後，再送到《大華晚報》去發表。寫短篇的詩，就的確需要斟酌文字，改來改去。寫散文，起初也要改，改來改去，但寫了兩三年，余先生就悟出來，改來改去是個問題，因為心裡總覺得這是初稿無所謂，下筆不見得會完全聚精會神地寫。後來他就告訴自己，初稿就是定稿，所以下筆前先在心裡有一個大綱，這個大綱有時候會需要修正，但一路寫下來，基本上寫好就不再改了。一般一頁六百字的稿紙，一篇幾千字、甚至上萬字，每頁稿紙一般只需要改動兩三個字。而且要改的，多半不是意思上的，而是聲調上平仄不對。這樣改好了，就可以交稿了。現在一般的作者大概不會有這種警覺，認為初稿可以隨便寫，那就比較費時。如果把初稿當成定稿來創作，就能聚精會神地完成。

偶爾也有編者告訴他，三兩天就必須交稿，所以余先生下筆總訓練自己，要有這樣的警覺。寫散文論文都是這樣，寫詩就要改了。後來，余先生常到大陸開會，遊覽名勝古蹟的場合，有時候要當場題字，在很短的時間內配合當時的情景，寫出字句來。也還有時候，接受記者訪問，希望題一句話，都是要在很短的時間內交卷。

他最不喜歡有別字，也不喜歡改來改去，所以要想好構思好，才下筆。如果是學術論文，構思和腹稿就需要一定的事實，一定的格式，要找參考資料，不能引錯了話寫錯了字，時間要長一些。有時候，他會請我幫他，先把書找出來，翻出引用的段落，能節省不少時間。

有關余先生的翻譯，很多人都覺得奇怪：余先生一九五二年就翻譯了《老人與海》，足足比一九五五年出版的張愛玲譯本早了三年。在五〇年代的臺灣，美國雜誌並不容易看到。余先生怎麼這麼快就注意到《老人與海》，並且翻譯出來呢？

說來，這也跟我家的讀書習慣有點關係。

海明威的《老人與海》是一九五二年九月一日，在美國《生活》雜誌上發表的。五百萬份雜誌兩天就被搶購一空。後來海明威得了一九五三年的普利茲獎，接著一九五四年又得了諾貝爾文學獎，《老人與海》一時聲名大噪。我在美國的表哥將該期《生活》雜誌寄我，而余老師在我家看到《老人與海》後，立刻著手翻譯。全文中譯是在《生活雜誌》刊出短短三個月後，就是一九五二年十二月，在《大華晚報》開始連載的。

我的表哥孫天風，抗戰時到昆明念西南聯大，抗戰結束後，在清華大學當助教，後來留學美國，在康乃爾大學，拿到流體力學工程博士學位。抗戰後，我本來在南京念初中，但學校健康檢查發現我肺部有陰影，怕是肺結核，只好讓我休學回到上海家裡。當時，我這位表哥常到上海來，來的時候就住在我家。我表哥是清華理工科的，但對文學藝術方面也有很好的修養，那個年代的年輕人都喜歡看書。表哥常跟我說，你該聽點古典音樂啊，讀讀這本書那本書之類的。我另外還有一個表姐，以前也在復旦大學念書。這幾個表哥表姐有時候跟他們的上海同學去看電影，也會帶我一起去。

余先生本來就很注意這些，他在我家看到《老人與海》的英文版，毫不猶豫，立刻動手翻譯。他的碩士論文指導教授是曾約農老師，他就用《老人與海》的翻譯和海明威相關研究作為論文題目。從那時候開始，余先生就發展出翻譯的愛好，一發不可收拾。《老人與海》之後，還翻譯了《梵谷傳》，當時也是我表哥寄給我的書籍之一。

余先生翻譯《老人與海》和《梵谷傳》，就由我幫他謄稿。後來我到內壢崁子腳當幼稚園教師，每星期都會收到他的《梵谷傳》譯稿。有時候是四、五頁，有時候是七、八頁，那時候都是用派克鋼筆，藍墨水，橫寫在「白報紙」上。我白天教幼兒園，晚上就幫他謄稿，謄好了，就寄回臺北給他。他收到後，就趕快送到館前路的《大華晚報》去。很快，這些翻譯就見報了。

他的字方方正正，很有稜角，其實已經很整齊了，但因為字句再三斟酌，難免改來改去，我就幫他整理重抄一遍，謄寫在六百字的直行稿紙上。他不管怎麼修改，我總是看得懂。稿紙正面是譯稿，反面就是他寫給我的信，也算是情書吧。

這是一九五五年，民國四十四年的事情。記得當時梁實秋先生曾建議他，《梵谷傳》太長了，可以節譯。但余先生年輕氣盛，還是一鼓作氣全本翻譯了。我們兩人接力，一個翻譯，一個謄稿子，用了一年的時間，不管生病了，還是碰上了生活上的難處，都沒有間斷。《梵谷傳》從一九五五年一月一號到十一月二十四號在《大華日報》連載，除了報社舊曆年放假四天不出報外，沒有一天斷過稿。

其實那時候根本不知道有沒有市場，有沒有人看，只是拼著一股勁，下定決心不能斷稿。我就是他的謄稿人，也是第一讀者。

父親和母親

您出自書香之家，是家裡的獨生女，但聽說您的母親卻並不把您當嬌嬌女看待。可以談談您的家庭背景嗎？

從小，我母親給我的家教是：無論什麼情況，都要自己想法子適應，不要等著別人來幫妳。生活本來如此，會有各種各樣的辛苦，但絕不可以委委屈屈，哭哭啼啼。

小時候，我跟外婆在一起的時間比較多。外婆是個溫和慈祥，很有規矩的人，也年紀輕輕三十歲就守了寡。外婆生了五個孩子，我媽媽是老三。外婆教了我很多事情，每天晚上，我做功課，她就陪在我旁邊衲鞋底，一針一針的。家裡凡有什麼不用的布頭，她都用漿糊黏貼在一個門板上，等積攢到一個程度，就拿來做成布鞋底。所以一直到現在，我都不會浪費家裡的一張紙，一塊布。已經習慣了。每天看外婆生活，自然而然就會有嚴謹的價值觀，也懂得惜福。外婆也常說些民間傳說與故事給我聽，比如江南水域有龍捲風的時候，外婆就言之鑿鑿，說那是天上的龍渴了，下來喝水了。

現在有人說，單親家庭如何如何不好，但我覺得主要還是看家長怎麼帶孩子，還有家庭環境。我比較幸運，雖是家中唯一的孩子，但母親的兄弟姐妹，舅舅阿姨們的孩子也都成了我的好玩伴，並不孤單。

我父母都是留學生。父親范肖岩，留學法國。他畢業於南京的東南大學，「勤工儉學」到法國留學。回國後，擔任浙江大學園藝系系主任。我的名字「范我存」是父親取的。父親留學歐洲時，「存在主義」就開始了，所以父親就給了我這個名字。我父親當年給我存了一些教育費，但他卻在抗戰期間，因肺病去世。那年我八歲。

我母親孫靜華，留學日本。她的老家在常州，早年就讀蘇州省立女子蠶桑科專校。她可說是當時的「新女性」，剪短頭髮，以創辦蠶桑絲綢事業為志向，希望以後開絲廠。從蘇州蠶桑學校畢業以後，母親留學日本，學習培育好的蠶寶寶品種。母親另有幾個好同學，學的是蠶絲的品質和推廣。四個女同學在杭州拱宸橋開辦「新光製種場」，就是選擇好品種的蠶寶寶，等它們產了卵以後，培育在一個養蠶板上。冬天到了，把好的品種賣給養蠶人家。

江浙一帶的絲綢很發達。我上小學的時候，母親有時候會從製種廠帶回一些顏色特別的蠶絲繭子給我，有金色的、綠色的，把這些絲纏繞在紙片上，可以做書籤，很好看。我的同學看見都好喜歡，會跟我要。

那些跟母親共事的「阿姨」，母親一律讓我叫她們「伯伯」，也許是當時母親和她的同學們「新女性」精神的表現吧。但是母親和「伯伯」們的事業，卻被一九三七年開始的中日戰爭打斷了。炮火聲中，有的「伯伯」去了上海，有的去了四川，還有的去了西康，而杭州拱宸橋一帶也成了日軍的駐地。

四川樂山

我出生時身體很弱小，母親生我正好也在她一場大病之後。大家都說我像一隻小貓。抗戰時候，我隨父母逃難到四川樂山。

我爸爸原在浙江大學教書。抗戰期間，浙江大學遷到貴州，我爸爸的老師，貝時璋伯伯很照顧他，說我爸爸身體不好，貴州交通不便，還是跟家人一起留在四川吧。我爸爸後來就在四川樂山病逝了。（貝時璋伯伯有一個女兒，跟我年紀差不多，我們從小就玩在一起。後來我還回中國去找到了她，她已經是協和醫院的醫生了。）

爸爸死了，四川天天被轟炸，但是樂山還算比較好些。樂山在大渡河邊，天氣很好，但有時候要跑警報。那時候上學，每個人都要帶著小板凳，隨時要跑轟炸。一九三九年八月，一次我媽媽上街購物，忽然警報響起，她立刻帶我回家。半路上才到河邊，緊急警報就響了，媽媽立刻把我和外婆推進山邊一個洞，拉了塊黑布蓋住。等轟炸結束，我們回家的路上，城邊最熱鬧的街上滿滿都是屍體。還有些人全家跳進水缸裡。我那年八歲，是一個八月間的天氣，已經開始有點涼了，第二天我在家門口，看見門外一個擔架一個擔架的屍體被抬過去。

回想起來，雖然那是戰亂的年代，但是我也得以成長。樂山的環境很好，空氣好，不跑警報的時候，其實日子都很好。我有幾個好朋友，常玩在一起。樂山有些山洞很好玩，從這邊進去，可以從那邊出來。我們小孩以為是西康的藏民經過這裡，住在裡面，所以有石頭床、石頭椅什麼的。後來才知道那是漢朝的墓，叫「岩墓」。

每天跟同學一起走路上學，走路回家，一路走一路玩，非常開心。老師們學問都很好，教書非常認真。晚上做功課要點油燈，做不出來的話，老師就會把同學留在教室裡，直到做好才放學回家。也有時候，老師會帶我們上山去，看植物，摸泥鰍，童軍課教我們旗語，搭橋，尋路。我出生的時候，身體本來弱小，但這段時間，每天上學來回六里路，居然把我的身體養好了。那個時代有一種特別奮發的精神，對我有很大的影響。

曾經有個中醫對我和余先生說「你們是幸運的一代」。為什麼這麼說呢？他說，那個時代沒有農藥，沒有公車，年輕人每天都能睡足。還有那個時代要做什麼事情，都靠走路，上學、郊遊、買東西、辦事情，每天跟農家住在一起。我因為是獨生女，經常在一個姓沈的大足鄰居家吃飯，還收我做女兒，給我做了一套衣服，取了一個名字。

我在四川上的小學，是一所實驗小學，小學畢業後進了武大附中，前後有七年時間。那是一段戰亂歲月中溫馨的記憶。

那時，我和母親、外婆租房子住。那是一個營長家的老宅子。他們一家人住主屋，旁邊的房子租給我們，另外還有一個單間，租給武漢大學或師範大學的學生。抗戰時候，物資很缺乏，民風卻純樸。武漢大學和師範大學的大哥哥們看我喜歡看書，出門回家時，就跟我說，「我們暑假不在，你幫我們看著東西，房間裡的書隨便你看，想看什麼自己拿。」抗戰之前，翻譯的外國文學書很流行，這個大哥哥們的書架上，有托爾斯泰，屠格涅夫，還有英國的翻譯小說，狄更斯的《雙城記》等等。

我們住的宅子裡，晚上房東找了人來說書，黃昏時候大人小孩都來聽，沒出錢也可以聽。說書人講到天黑了，就點起油燈，在火光中說《七俠五義》，《三國演義》，《珍珠塔》那些故事。那時候我還是小學生，但是聽得很著迷。

抗戰的一代人

回想起來，一九二〇至三〇年代，是一段黃金年代，如果沒有抗日戰爭，整個國家很可能會振興起來。因為當時的時代氛圍非常好，有很多留學生學成回到中國，幾乎沒有人願意入籍外國。我的父親在法國念完書，立刻回到浙江大學任教。我母親去日本學蠶絲製造技術，學完也立刻回國。當時的教育部長蔡元培先生有現代教育的觀念，很重視中小學的美學教育，可惜中日戰爭爆發，就此失去了那個機會。

疼愛我的大舅舅也是那個時代，有雄心大志的一個人。他一直覺得，無錫和杭州之間，應該有一條公路。以前的交通運輸是靠運河，我常州的外婆家，前門是馬路，後面就是運河，運輸送貨都走水路。但陸路到底比水路方便，我舅舅就想做這件些事。他也覺得，應該有一條路從昆明，繞過貴州、甘肅，通重慶的公路。雖然山區險阻，建設困難，但他一直有這個雄心。

後來，日本人來了，我舅舅去了昆明，從昆明又去了重慶，在重慶全心投入發展公共交通。他做了很多事，做得很好，很受當時人敬重。一九四九年之後，舅舅被共產黨抓起來，說他是資本家，但工人們很敬重我舅舅，說舅舅平日簡樸，是「善霸」，不是「惡霸」，不肯鬥他。舅舅被關了很久，吃了不少苦，後來我表哥以歸國學人的特殊待遇，好不容易把舅舅救了出來。

說起我的表哥，又是一段故事。這位表哥就是留學康乃爾大學，常從美國給我寄英文版《生活》雜誌和《梵谷傳》的那位。抗戰時，他隨清華大學到昆明去念西南聯大，在美國拿到學位之後，原可在美國留下來成就一番事業，但他決定回國營救父親。我母親也勸過他留在美國發展，但他還是回到中國，用歸國學人回國服務的優惠，把父親從牢裡救了出來。這是我家的另一段故事。文革時被下放養豬，改革開放後才再回北大教書。

抗戰結束

一九四五年，抗戰結束，母親的蠶桑學校搬回了蘇州，不久後，母親被派到中國蠶絲公司上海分公司工作。我也跟著母親搬到了上海。之後，我和母親又到了臺灣。

母親在上海的時候，時常需要出差，有時無錫、有時蘇州。那時我的大姨媽在南京明德女中當校長祕書。我表姐以前也是那個學校的學生。她跟我母親說，妳經常跑來跑去，不如讓女兒跟我到南京去讀書。我母親同意了。讓我自己整理行李，打了包坐火車到南京去。在南京，我住在學校宿舍裡，同學都是從各地來的，每天要自己去老虎灶打熱水洗澡。大家處得很好，星期天洗被單的時候，大家一起合作去打井水，一起洗被單。老師也對我們很好。明德女中是教會學校，但是大家都逃聖經課。我們都還不會禱告，禱告不出來，一個個都找藉口說要去上洗手間。我們倒是喜歡唱詩班，不管高音中音，我們都好喜歡。

我在明德女中唸到初三下學期。學期剛開始，學校給我們照X光，發現我的肺部有個陰影，學校怕我有肺病會傳染給別的同學，讓我休學回上海。我就回到上海，由表哥表姐們帶著我唸書。

這是一九四九年初，時局已經亂哄哄的了。有一天，家裡突然來了表姐夫，他是國民黨的空軍，要在我家借住一晚。當時「徐蚌會戰」剛過，他是要把岳母和家裡親戚送到臺灣去。但他的岳母因為在辦製種廠事業，不想離開。表姐夫跟我說，現在到處亂糟糟的，妳書也唸不成了，上海的學制跟南京也不太一樣，妳插班也插不了，乾脆跟我去臺灣。他說，臺灣冬天沒上海那麼冷，一年四季都有西瓜吃。他讓我收拾了簡單的行李，帶幾本喜歡看的教科書，說，明天早上五點鐘坐我的轟炸機到臺灣去玩玩。這位表姐夫是機上的領航飛行員，上了飛機就把我安排在他駕駛座位旁邊，其他空軍家屬就坐在後面的機艙裡。大家都沒有什麼安全帶，耳塞之類的。記得轟炸機轟隆轟隆聲音特別大，耳膜震得都疼。

到臺灣

一九四九年的舊曆年前，我到了臺灣，先住在我的姑爹家。我的姑爹也是留日的。國民黨到臺灣的時候，由他負責接收土地銀行。他自己一個人來臺灣時，就住在土地銀行裡。後來他的女兒也到了臺灣，然後我這個小外甥女也來了，他就申請了大一點的宿舍，大家住在一起。晚上臺北八點以後，衡陽街上就沒人了，很無聊，姑爹就帶著我們到「永樂戲院」去看京劇。那時候主要的演員是顧正秋。那段時間，我們看了很多顧正秋的戲。

我母親是一九四九年四月才到臺灣的，那已經是「太平輪」出事以後了。她要去臺灣前，朋友們都勸阻，說幹嘛要到臺灣去，臺灣馬上就要被「解放」了，死路一條。當時我們對共產黨並沒什麼了解，只是我家朋友中有一個法官季伯伯，有時會跟大人們聊一些法院的事。聽他說他家有個親戚從皖北跑出來，說共產黨碰到地主就會吊起來打，活埋，霸佔他們的財產之類的。聽起來很可怕。

我和媽媽就是這樣莫名其妙的來到臺灣。人間很多事無法解釋，只能說是機緣。比如陳之藩，他是北方人，在大學畢業以後被分配到湖南工作。他的另一個同學被分配到臺灣。這位同學說，你去湖南做什麼？湖南是我的家鄉，要去也該我去啊。不如我倆調一調。陳之藩說，可以啊。兩人就互調了。他的同學留在湖南，他卻到了臺灣。他的這位同學在學校非常傑出，可惜後來只在街邊擺攤賣東西。戰亂時代，這些故事也不能算稀奇吧。

我母親的上海蠶絲公司整個搬來了臺灣，但發現臺灣並不適合發展蠶絲。我母親有個同學的先生叫湯元吉，一九四五年被派到臺灣來，當時是臺灣肥料公司的總經理。他是個化學家，抗戰期間，在貴州遵義成立酒精廠，後來國民政府經濟部派他來成立臺灣的肥料產業。臺灣以農業為重，肥料是很重要的一塊。湯元吉是個很正直負責的人，每天上班第一件事就是檢查廁所乾淨不乾淨。他跟我母親說，蠶絲公司在臺灣大概不會發展，你可以到肥料公司來。我母親考慮了以後，就到臺肥去了。臺肥在臺北中山北路有宿舍，我和母親就住進了臺肥的宿舍。

那時候，臺灣的物資比較匱乏。戰局很不穩定，幣值也不穩定。在上海那幾年，金圓方面很亂，蔣經國打老虎也沒打成，所以我媽媽在上海一領到薪水，就立刻想法子換成美金或金塊。到了臺灣，再把美金換成新臺幣。

有些上海來的婦女不習慣，因為沒有吃慣的菜，也買不到上海麵條。我母親蠶絲公司有一個張阿姨，先生因為在上海處理蠶絲工廠交接，還沒到，她帶著孩子先到臺灣。張阿姨每天抱怨過不慣，要回上海。後來索性連帶來的重大箱瓷器都不要了，隨便留在海關就回上海去了。當時，我母親勸她再等等，等她先生來了再做決定，可是她等不及還是回去了，後來吃了不少苦。

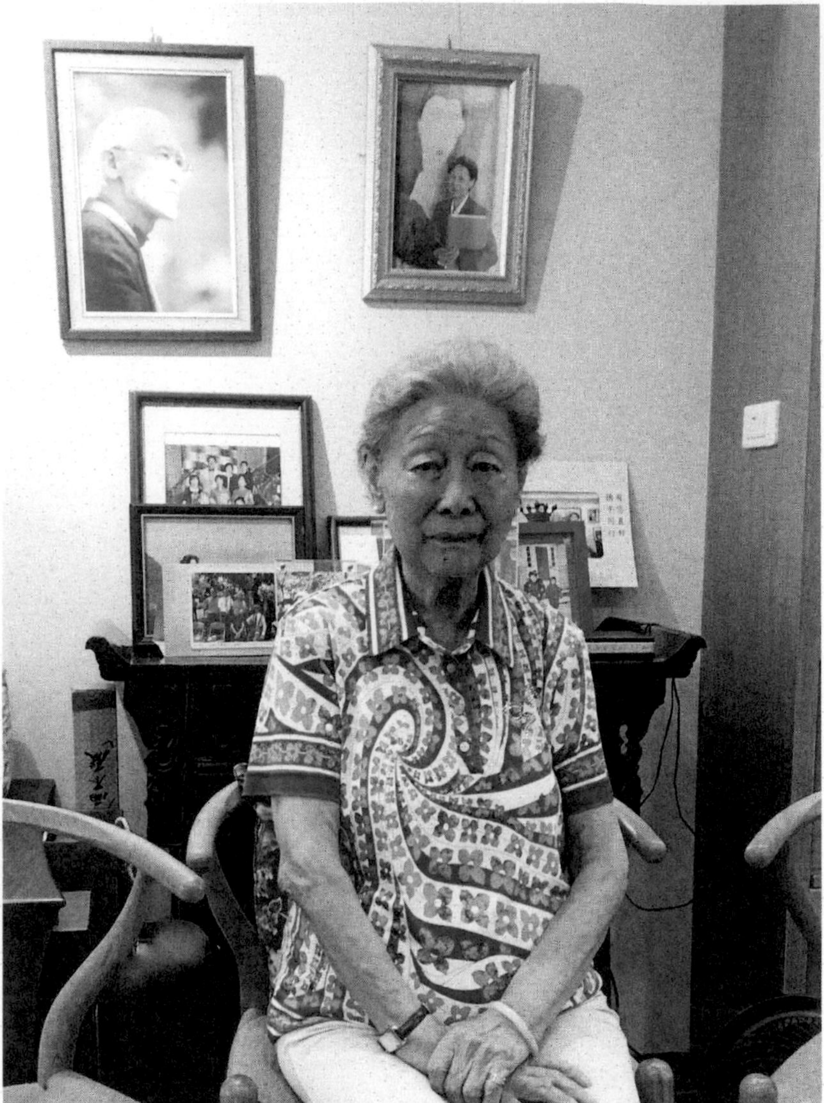

臺北第一女子中學

我和母親在臺北安定下來以後，我想回學校上學，就問母親的好朋友謝阿姨：以後我該上那個學校比較好？謝阿姨說，比較起來北一女還是最好。後來，我參加了插班考試，分發在北一女初中三年級。

我那時十五、六歲，迷迷糊糊的。記得我們的班主任姓朱，朱啟泰老師，當時也才二十幾歲，我們這些高中女生蠻喜歡欺負他。他叫我們打掃教室，我們就隨隨便便掃一下，然後相約去看電影，大家在一起很開心。我和我的女同學每天約好早上六點半鐘在圓山斜坡頂上會合，大家騎腳踏車一起呼呼衝下山去，很瘋的。很好玩。

但是麻煩事又來了。北一女高二那年，學校做例行體檢，又在X光片上看到我肺部的陰影，是肺結核。我於是又休學回家。

這樣一來，書也念不成了。北一女高中二年級，就成了我最高的學歷。

生病和自學

從北一女休學以後，雖然不能再回學校，但平常，我勤於聽收音機，看書，懂得找法子充實自己。我在美國留學的表兄也會寄新的美國書給我。我自己也知道一定要把身體養好。現在有些小孩在家自學 Home School, E-learning，其實那時候我就這樣做了。

余先生和他的父母，是一九五〇年從香港來臺灣的。他很快就插班進入臺大，念外文系三年級。我們兩家是親戚，我和余先生以前見過一次，在南京。後來大家都來了臺灣，才又見面。他開始在《新生報》，《中央日報》，《野風》等報刊發表新詩作品。那時候，《中央日報》的稿費是五塊錢。余先生拿到稿費，就和我坐三輪車去西門町吃飯、看電影。五塊錢用不完，有時還會剩下一兩塊。

余先生大學畢了業，去總統府服兵役，做少尉翻譯官，出版詩集。我也到內壢崁子腳去當幼兒園教師。一九五四年余先生跟鍾鼎文，覃子豪，夏菁，鄧禹平一起創立了「藍星詩社」。一九五五年，他翻譯完《梵谷傳》，我幼稚園下班以後，晚上就幫他謄稿，兩人聯手在一年內完成了這本書。

我們在一起總有說不完的話，有時候也會騎單車出去玩。我決心把身體養好，知道余先生一直在維護我。畢竟我和他都是家裡的獨生兒子和女兒。誰不希望家裡有個健健康康的青年？

我們是一九五六年九月結婚的。當年我因病退學，後來生了孩子，身體反而越來越好，余先生和四個孩子也都健康平安。

余先生曾說過：「家是講情的地方，不是講理的地方，夫妻相處是靠妥協。婚姻是一種妥協的藝術，是一對一的民主，一加一的自由。」這也是我們的默契。

五、六〇年代的臺北文壇

有人說，五、六〇年代的臺灣，有兩個文學據點。一是尉天驄先生家，一是余光中先生家。

是有這個說法。余先生和父母剛到臺灣的時候，在臺北同安街租房子住。和主人合住一個房子，廚房客廳共用，余先生的父母用一個房間，晚上余先生就在客廳打地鋪。大家剛到臺灣，都住得很簡陋。余先生插班進入臺大外文系以後，常跟吳炳鍾老師往來，有時會在老師家吃飯。那時候大家都很簡單的，吃飯就是一張木板搭上就行了。

余先生的父親，就是我後來的公公，在僑務委員會工作。他在行政院有一個辦事處，僑務處有一個海外部，專門負責照顧僑胞。那時候華僑出錢出力，有很多很動人的故事。華僑保留了很多中國的文化、風俗習慣，都比我們保留得好些。

我公公有一個朋友，姓王，在廈門街有個日式的房子。這個朋友說，你們租房子住，不如暫時先搬過去住吧。我公公就租了這位朋友的房子，住了兩三年。後來這位朋友要賣房子，共一百二十坪的地，要賣七萬臺幣。我公公沒有那麼多錢，後來親戚朋友，包括我母親在內，都幫忙湊錢，把廈門房子與地一起買了下來。

我們結婚以後，就跟公婆一起住在廈門街。爾雅出版社、洪範出版社，都在附近，余先生藍星詩社的事，也多半由我幫忙處理。後來有了孩子，一家八口人，每天三餐就是件大事。我結婚時並不會做飯，還是跟我婆婆學的。

廈門街那段時間，我有很多回憶，很忙碌，也很有意思。後來這個榻榻米的日式房子長了很多白螞蟻，我們的鄰居找來建築商，建議改建成四層樓，一半給建商，一半給我們。但那是六〇年代的事情了。

很多人把廈門街和當年的「藍星詩社」相提並論。

一九五〇年代中，有些人提出「現代詩」的重要性，主張撇開傳承式的「縱的繼承」，要「橫的繼承」。就是說，我們不應該一天到晚古典詩詞，要接受外國的現代派。

比如洛夫，張默，痖弦這些人，有一個「創世紀詩社」，也有紀弦辦的《現代詩》雜誌。但余先生和覃子豪，鍾鼎文，梁雲波（畫家）這幾個人有不同的看法，他覺得這個理念有點偏差，認為「縱的繼承」很重要，要發展個性，但也要維護中國文化，就成立了一個詩社，叫「藍星詩社」。

藍星詩社成立之後，跟現代詩社看法不同，就有辯論。但完全是理念之爭，沒有人身攻擊和對立，大家辯論完，還是朋友。後來紀弦移民美國，我們去美國的時候，在舊金山重逢。他非常熱情，我們也很高興。當時完全是君子之爭，沒有私人的對立。紀弦去世的時候，余先生還寫了一篇文章紀念他，說他讀到他一篇散文，寫他跟一隻鴿子做了朋友。余先生讀了很感動，覺得完全不像紀弦寫的作品。

除了藍星詩社之外，我們在廈門街那段時間，有些軍中的朋友，常到我們家來。這些軍中的朋友是隨軍隊到臺灣的，有些還經歷過八二三砲戰，在臺灣沒有家人，日子比較苦些。因為個人家庭背景和機遇不同，人生觀自然也就不太一樣，他們多少覺得余先生是個學院派吧。

傳統上，似乎詩人和畫家常能做朋友，當時藍星詩社的活動也時常有畫家參加。後來大家就說，對現代詩和抽象畫派想表達的東西實在不太理解，要不大家開會辯論吧，也好聽聽彼此看法。開會之前，他們現代派的在我們廈門街家先碰頭，來個「預演」，那次席德進也參加了，他一進門就很激動，說，看看我們現在過的是怎麼樣的現代生活，傳統派那些畫家和詩人還以為自己活在山山水水裡。

真正開會辯論是在中國文藝協會，那邊的場地比我們廈門街的家大多了。但是本來大家計畫要連開十次會，把話好好講清楚。但後來開了三、四次以後，大家就說好了好了，不用再辯了，彼此都明白了，會也不用再開了。

畫家和詩人都很喜歡講話，常來我們家討論這討論那，熱鬧得很。

一九六三年，在東海大學有個政府辦的活動，叫「什麼是中國文化？」安排了歷史學家許倬雲，還有許常惠，劉國松也去了。余老師就去講中國的古典詩詞。余先生在美國的老師李鑄晉也去了，他問余老師，你們臺灣現在有什麼人在畫畫，有沒有比較有現代觀念的？余先生就說，有啊，「五月畫會」就有啊。本來當天下午，李鑄晉就要回美國了，但余老師還是拉他去看了劉國松的畫。那時劉國松住在植物園，他太太的宿舍，很破舊的，但李鑄晉看到劉國松的畫，當下很震動，反而延遲了幾天才回美國。劉國松使用水墨的技巧，表達現代概念，很新的手法。後來劉國松拿到了一個美國政府的獎學金，到歐洲各國去看了西方的美術館。

除了劉國松等的五月畫會之外，我們還有軍中的詩人朋友，洛夫、瘂弦、彭邦楨等。他們也常來廈門街。後來余先生到美國去，把他們的一些詩翻成了英文，一九六〇年英譯《*The New Chinese Poetry*》由香港今日世界社出版。當時美國的駐華大使莊萊德（Everett Drumright）還辦了酒會，邀請詩人朋友們來參加慶祝。那次胡適，羅家倫都來了。鄭愁予、夏菁、鍾鼎文、紀弦、羅門、葉珊、蓉子、周夢蝶、洛夫也都到場。大家當然也很受鼓舞。

家裡有朋友來時，當然就由我幫忙張羅茶水點心，有時甚至也讓大家在我們家吃飯。那個時代，大家生活都不寬裕。但我公公是辦僑務的，家裡常有華僑朋友來往，有時會送些芒果、蘋果之類，臺灣比較稀少的水果給我們。文界的朋友們難免會以為余先生家很有錢，其實這些都是別人送的，房子也是借來的，我們跟大家一樣，節衣縮食地過日子。我公公當年的薪水是六百塊，跟所有的公務人員一樣，我婆婆也還要在後院養一群鴨子種點菜什麼的。算起來比余老師當兵做翻譯官的薪水還低一些，談不上「有錢」。

您一家人後來去了美國一段時間？

一九五八年，我們的大女兒出生後幾個月，余先生去了美國愛荷華大學寫作班，也進修美國文學和現代藝術。他是第一個臺灣作家去愛荷華寫作班的，當時聶華苓和 Paul Engel 還沒開始主持那個項目。

說來有趣，聶華苓和 Paul Engel 還是在我家認識的，記得那次我們請了好多人吃飯，王文興，李敖，黃瓊玖都在座。我們現在還保留了一些照片。後來 Paul Engel 主持愛荷華寫作班，問余老師臺灣還有哪些作家可以推薦給他們。之後臺灣的作家們開始，一批批地去了不少。余老師當時也建議過 Paul Engel，要翻譯一些臺灣詩人的作品。

余先生先出國了幾次，一九六九年我們一家人一起在美國待了兩年。那時我們的老三是九歲，小孩英文學得很快，但中文就慢慢忘記了。余先生比較注重中文教育，認為孩子的中文基礎一定要打好，絕對不能放掉。所以後來我們決定回臺灣，也跟這個有關係。

香港是余老師另一個階段的據點。

這還要從余先生的翻譯工作說起。很早以前，趙麗蓮在臺灣辦了一個《學生英文雜誌》，鼓勵年輕學生翻譯，舉辦了翻譯徵文，中翻英，英翻中的獎項都有。吳炳鍾老師鼓勵余先生去投稿。那時翻譯者多半翻譯英文小說，翻譯詩的人很少，那次余先生得了第一名。後來夏濟安看到余先生的翻譯，就把他推薦給香港的宋淇（林以亮）。一九六一年，宋淇編《美國詩選》，請余先生參加翻譯。這本《美國詩選》中的翻譯，有三分之二是余先生翻的，也有一部分是宋淇、張愛玲和邢光祖翻的。後來《美國詩選》由香港今日世界社出版，學美國詩的學生，多半都有這本書。

一九七四年，我們一家人去了香港中文大學。說來，這也跟余先生和宋淇合作不無關係。香港中文大學有三個學院：新亞、聯合和崇基。新亞是錢穆主辦，集中在古典文學方面，聯合書院是商界支持的，他們想開辦現代文學，但還沒找到適當人選。宋淇那時擔任校長的機要祕書，就推薦余老師去開辦現代文學系。宋淇說，余先生可以教現代文學，也懂古典文學，而且是外文系出身，英美文學都在行，很適合這個位置。

我們一家人在香港待了十一年。香港教員的待遇很好，學校制度也健全，教員們只要好好教書做學問，每個課程都有學生助理（tutors）輔導，行政事務也都由專業人員負責打理。這些專業人員的素質很好，中英文也好，開會紀錄，書信來往常常是中英文雙語。那些年，我們在香港受到很好的照顧。學校甚至安排警衛保管教職員宿舍每家人的鑰匙，怕萬一那家主婦在家煲湯，忘了關爐火就出門了。大學的警衛隨時可入屋幫忙關爐子的。相對來說，臺灣在制度規定這方面，就一直比較鬆散一些。但我們跟臺灣的聯絡從沒有間斷，期間余先生跟楊弦合作創作現代民謠，出版詩集、散文集、評論集。中間還有一年，余先生休假回臺灣師大擔任英語系系主任兼研究所所長。

余先生的鋒芒

我們都知道，余先生是個鋒芒畢露的人，幾十年來臺灣文壇上的各種話題，總能聽見他的聲音，也引起過不少爭議。

是的，勇於發聲，自然會得罪一些人。余先生的個性是不怕表達自己的意見，該說就說。關於政治方面，他雖然關心，但不表態，但對中文和文化的信念，他是絕對不會改變的。

其實，人也都是會改變的，這麼多年過去，大家的觀念都有些改變。比如余先生去美國留學，正好碰到美國「反越戰」，接觸到那個時代的搖滾樂，受到一些影響，觀念就慢慢有了改變，便寫了《敲打樂》這本詩集。另外他在國外也受到現代美術史課程的影響。

當時在師範大學的體系下，學傳統水墨畫的人，一是表現上比較傾向「一水兩岸」的畫風，多少有些侷限。當他們在美國來的畫冊上看到畢卡索這樣的作品，反應當然會很大，比如趙無極的畫風就是如此。人的思想看法都會隨時代和經歷改變，這是很自然的。

如果文化和文學上，有兩派不同的意見，余先生覺得重要，就會發聲，說出自己的看法。尤其在中文教育和維護中國文化方面，他覺得那是他做中國知識分子的基本本分。尤其是與中文教育相關的事，他一定會發聲，認為一個時代的發展跟文化教育密不可分。教育絕對不能跟文化脫節，也不能跟時代離得太遠，要用心用力培養學生這方面辨識的能力。

這幾年，余先生與幾位中山女子高中的老師們合作，希望能為國語文教育做點事情。希望能讓學生們知道，比如每個朝代之間有什麼變化，每種文化和另一種文化之間，有什麼對應或不同，前因後果，來龍去脈等等，希望學生們要弄得清楚。

這些中學老師們花了很多心力，比如，講到明朝，也要知道外國當時是什麼朝代。比如，講十七世紀的唐宋八大家，在外國是什麼時代？別的文明國家在做什麼，有什麼成就？如果不把歷史背景講清楚，對古代一片空白，就會歷史架空，很難真的了解一部文學和一種文化現象。

對中文的愛護，對中華民族文化的愛護，是我們的信念。余先生和我都是這樣，是不會變的。我們很願意講給別人聽，但如果別人不願意，我們也沒辦法。但我們會堅定地站在這個信念上，不會動搖了。

很多人說余先生一輩子做了很多事情，七十多年來都保持良好的創作狀態，是「詩壇的賽車手」。我覺得這跟他的心思專一，沒有雜念很有關係。他的心思都用在他關心的事上，成天琢磨這些事。他對交際應酬沒什麼興趣，但心胸開朗，很有幽默感，也喜歡四海雲遊，跟環境打成一片。他能接受不同的刺激，能夠容納多種不同的題材，不拒絕任何可能性。

二〇一八、九、九

永康街的文人之風

張曉風

張曉風（一九四一年三月二十九日－），筆名曉風、桑科、可叵，江蘇銅山人，生於浙江金華，八歲時隨家人遷居臺灣。東吳大學中文系畢業，曾任教於東吳大學、香港浸會學院、國立陽明大學、香港大學（駐校作家）。二十五歲出版第一本書《地毯的那一端》，二十六歲得「中山文藝獎」，著作有近四十本。以散文馳名，內容涵蓋作者人生的各個階段：成長，婚姻，親情友情，知識情懷，讀書筆記，以至後來的社會評論和針砭時文。並有小說、戲劇、雜文作品，後期寫作漸轉為家國情懷及社會世態。曾任臺灣第八屆立法委員。

我們那一代的大學女生，都曾為張曉風那本《地毯的那一端》迷醉。她的文字，帶給我們婚姻的想像，陪伴我這一代人多年。

問過的每個人卻都告訴我，張曉風老師很忙，不容易找。從陽明大學退休以後，她當過立委，生過大病，近年來，除了關心語文教育之外，還致力環保，關懷生命議題。

幾番輾轉，數度耽擱，終於因陽明大學的老友邱爾德和鄭凱元兩位教授居中聯繫，在永康街口的一個麵包店前，等到長裙軟鞋，笑咪咪跨街而來的張曉風老師。看見她，真有說不出來的溫暖和開心。

永康街顯然是張老師的地盤。她穿街繞巷，熟門熟路，把我引進老榕庇蔭的臺大校園，左拐右繞，在華語文教學中心大樓前面住腳。很快地，有一對年輕朋友出來招呼，把我們帶到一間冷氣教室裡。

原來張老師準備了一提袋精緻的糕點餅乾，還有雙份環保杯，一只杯子是她常用的，另一只是備給我的。初次見面，我們也才知道我們都曾做過對外漢語的工作，也有不少文界的共同朋友。更巧的是：張老師的兒子曾在我現在任職的學校就學，取得博士學位。如此，就在蛋撻，棗泥糕，布丁，核桃糖環伺下，嘰嘰喳喳地有了一個甜點熱茶的「永康街文人風的下午」。

找您聊天，希望能聽到您一九四九年隨家人到臺灣來的故事。藉此回顧當時臺灣的寫作環境。算算您到臺灣時，才八歲，是上小學的年紀。還記得當初對臺灣的印象嗎？

當時我雖才八歲，但已經懂得焦慮。那是我第一次體會到什麼叫擔心和壓力，很難形容的感覺——雖然知道臺灣是個安全的地方。

我爸爸是軍人，要跟軍隊在一起，我是跟媽媽和妹妹到臺灣的。但好不容易到了臺灣，爸爸卻失去了聯絡。

有一段時間，我們不知道爸爸在哪裡。終於，有一天，聽說爸爸要回臺灣了。但媽媽卻從早上五點送到的早報上，看到有關雲南關閉的消息。原來爸爸遇上了大麻煩。他的飛機在黃昏時分從四川飛到雲南，停在昆明機場加油，準備第二天一早飛往臺灣。但那天夜晚，雲南省省長盧漢「叛變」了。隔天一大早，全部的飛機停飛。那時雲南還在「兩不管」的局面，但飛機已全面禁飛。我爸爸只好靠自己的兩條腿，翻山越嶺，先到越南再想法子。他在路上整整走了一年，才由香港飛回臺灣。

後來我母親才告訴我，父親長年在軍中，身無長物，身邊唯一貴重的東西是兩把長刀，鯊魚皮，古色古香，是受降時得到的。我們和母親出發到臺灣那天，父親只能送我們到江邊，父親跟母親說說：「這兩把刀，一把妳帶著，一把我帶著，他年能見面當然好。不然，總有一把會在。」

父親的那一把，在逃難途中沒了。

那年是民國三十九年（一九五〇年），跟著媽媽來臺的外婆去世了，全家悲痛萬分，我當時是小學四年級。

當年您在臺北上小學，有什麼印象深刻的事嗎？那時候的小學生都做什麼呢？

我上的是臺北中山國小。很不錯的小學。我的同學多半是本省籍，外省同學只有少數幾個。本來我們住在臺北中山北路的巷子裡，後來又搬去撫順街一帶的眷村，是臺北的東北邊。記得我們村子裡，有一個人叫田文仲。他家好像是天津人，普通話說得非常好，又會唱戲，後來從事演藝工作，主持一個很熱門的「我愛紅娘」節目，非常成功。他的妻子叫王海玲，也是很好的京劇演員。

在學校裡，只要是「外省同學」，都被看作是「會寫作文的」。政府初到臺灣時，臺灣接受日本教育的菁英，多半只會用日文寫作，比如吳濁流、楊逵等人都是以日文寫作，之後再翻譯成中文。能以中文寫作的，只有從大陸遷徙到臺灣的「外省人」。

我確實也從小就喜歡作文。小學四年級那年，我參加了《中央日報》兒童週刊徵文，題目是〈我的父親〉，結果參加的人通通有獎，我也得了一條毛巾。但我有個麻煩，母親常喜歡替我改文章，有一次，她為我的作文加了一句「雪片像鵝毛般落下來」，但臺灣冬天不下雪，被老師用紅筆勾掉了。後來我就不讓母親替我改作文了。我當時也寫過一篇叫〈我最愛做的事〉，投稿給《中央日報》兒童週刊，得到一本故事書作為獎品。

小學的時候，我們學校有位陳元潭老師，輔導我們成立了一個「綠野文藝社」，讓我們寫文章、編刊物，用鐵筆寫在蠟紙上油印，並且演戲或朗讀文學作品。我們真正的級任老師並不喜歡我們做這些事情，他只希望我們多讀參考書，爭取考上好中學，他覺得搞那些課外活動是浪費時間。那時候升初中要通過考試，所以頗有升學壓力，老師也會為考試成績不好而體罰我們，打手心什麼的。但我們還是對文藝社比較有興趣，運動會的時候，跑來跑去，胸口掛著「記者」條，覺得自己真是個小記者了。我當時還寫了一篇〈綠野頌〉。這個文藝社對我的寫作很有點影響。

上了中學以後，我也繼續寫文章，投稿到《中央日報》和《新生報》的兒童週刊。收過一點稿費，也接到過讀者的來信。

這大概是我小時候最熱衷的課外活動了。

您在書中提到，一九五四年代您轉到南臺灣上中學，老師中有受過日本教育的，也有從大陸到臺灣的，各種口音都有。

我們本來在臺北的家位於撫順街，我上的是中山國小，每天上下學要經過後來的上海商業銀行。日本時代留下來的習慣是：小學生要在校外某個地方集合，排好路隊，由小班長帶隊進入學校。我們的集中地點就是這個銀行，但當時只是紅磚民房，門前還有曬穀場。我和早到的小朋友會在那裡邊唱日本童謠，邊玩丟沙包，拍球。我們不太懂童謠的意思，反正就跟著亂唱，邊唱邊玩。

我們平常說話，也夾著日文，比如墊板，洗澡間都用日文說。記得有個莊姓小朋友的媽媽受過日本教育，平常穿著很優雅，會插花，會鉤白色的漂亮蕾絲桌墊和沙發套。我很羨慕，要母親教我，但我母親不會，我跑到這個小朋友家，請她媽媽教我（不是因為我好學，是因為家事課要交作業），印象很深，很驚訝怎麼會有這麼優雅的媽媽。

臺北的外省人挺多，一九五四年我去了屏東，才發現還有閩南人、客家人、原住民、外省人，真是熱鬧得不得了。

您早期的散文裡，很少寫到這些，似乎大陸的題材也很少。

我在大陸時，年紀還小，隨父母東奔西跑並不太記事。有關大陸上的事，多半是後來從長輩口中，一點一點慢慢補充出來的記憶。好在我的父親母親都很愛說話，我也一直覺得語言很重要的，文字當然也重要，趁著記憶猶在，希望儘量藉著語言文字把這些事留下來。

可以談談您的家庭背景嗎？

我的祖籍是江蘇銅山，但我們都自稱徐州人，徐州包括八個縣（這八個縣的人，語言生活相同，都自稱徐州人）。我一九四一年出生在金華，身分證上寫的是「次女」。我是母親所生的第一個女兒。我有一個姐姐，是我父親的前妻生的，比我大很多。父親的前妻有先天性心臟病，靠一種日本成藥支持著。但中日戰爭爆發後，這個藥源斷了，她就很不幸地去世了。我的姐姐也就一直留在徐州老家跟祖父母住，沒有隨父親四處奔走。

我母親的家族很富裕，是不大不小的中地主，外公是學鐵路工程的。外公不是軍人，但中日抗戰時，被徵召到桂林去調度鐵路交通。在一次日本飛機轟炸時，因腦震盪而死。外公去世，外婆不想帶著成年的女兒四處亂跑逃難，那時我的大阿姨已經出嫁，我媽原來想讀大學，但世局那麼亂，外婆認為女兒的安全最重要，卻不知道怎麼保護自己的女兒。她希望母親早點出嫁，有個可以保護她的人。所以由外婆作主，把母親嫁給了身為軍人的父親。

一九四九年來臺的「外省媽媽」常嫁給軍人為妻，多少有些亂世自保的考慮。

是的。我母親懷孕以後，外婆還跟著我們住，直到我出生。看見母親一切都好，外婆就自己回老家去了。那時徐州已經被日本人佔領，算是淪陷區，但外婆覺得女兒有了個可靠的人照顧，自己也可以放心回老家了。直到一九四五年抗戰勝利，我們全家搬到南京，母親才又把外婆接出來，跟我們住了一段時間。

我出生的時候，還在中日抗戰期間。爸爸隨軍旅四處奔走，由外婆陪著我和媽媽。後來我和母親撤退到「大後方」四川，抗戰勝利以後，才重回到南京。

那時候做官的都在南京。南京離徐州不算遠，但當時交通很不方便，出門往往要走很迂迴辛苦的路。父親常有軍務在身，要跟著政府走，軍人家屬就要自己想辦法，各安天命。

聽大人說，我一、兩歲的時候，跟媽媽從金華到福建武夷山附近的建陽，再繞道去四川重慶。那是條很迂迴的路，其實這兩地（金華和重慶）本來距離不算太遠，但因為要避開被日本人佔據的「淪陷區」，只有去繞遠路，沒有別的辦法。

那個年代，做任何事情都很曲折，明明要往這邊去，卻要先往那邊走，再繞過來。很多事情都那樣。我也聽余光中老師談起過，抗戰時，他和母親從常州到四川，走京杭大運河，先到上海，轉香港。上海是租界，可以自由選擇旅行的方向，到了香港就自由了。他們從香港飛安南（那時叫安南，其實就是越南），再從安南繞雲南，最後到四川，非常不容易。

我和媽媽逃難的時候，曾經在福建武夷山附近建陽的一個村子裡住過，那村子叫「南林村」。二十年前，我去了那個村子，我先找到了一位老媽媽（名叫丁志凡），是我父親軍中的同僚陳頤鼎（字建興）的妻子。這位陳老媽媽如今已經一百零二歲了，但二十年前還能陪我去看我和媽媽當年借住的民宅。

我看過一些資料，知道日本人曾在這村子附近，惡意傳播鼠疫。陳媽媽也告訴我，南林村曾住過一位高級將領，名叫王敬久，把老母親太太孩子安置在這裡避難。家人卻老小皆亡，現在回想，應是日本人的生化戰。這位將領傷心至極，傾其所有備了棺材安葬母親。陳老媽媽帶我經過，讓我從山間小路旁的墓地看了一下。聽說，那口棺材特別大，運進喪家的時候很費了一番手腳，入殮後卻怎麼也抬不出來（因為裝了人，就得抬得平穩），只好在牆上開個洞，把棺材挪出來，之後再把牆補砌回去。我還看見牆上補砌的痕跡，覺得很傷感。當時的人不知道，也許會以為只是流年不利，但我確實看過資料，知道日本人確實放過毒，作為戰爭策略。

打仗的時候，除了戰場上的傷亡，還有大大小小不為人知的「戰場」。大歷史裡看不見這些小故事。後人能看見的，也不過是一些莫名其妙的補砌痕跡罷了。

亂世的童年記憶，半個世紀後才有機會補綴完整，想必別有心情。

陳媽媽已經一百零二歲了，能幫助我把小時候的零碎記憶，跟抗戰歷史的前因後果聯繫在一起，我覺得很幸運。

母親和我到了重慶，住進一個特別蓋在稻田中間的簡單寬敞的大房子。生活安定下來，貧苦的歲月中，因自家養雞，我竟能每天吃一顆雞蛋，並且聽一個故事。

我媽媽跟我爸爸年紀相差十歲，他們的時代有些差距，但有共同的故鄉，共同的認識的人，平常會談些故鄉的人和事。他們談話中，經常出現一個名字，叫「泥鍋頂兒」，後來才知道是「倪國鼎」三個字。父親常說，「那個泥鍋頂兒，調皮搗蛋的。」大概是父親小時候的玩伴吧，連名字也加了兒化音。我心想那些都是爸爸媽媽的陳年舊事，並沒有放在心上。

後來我才從聽陳媽媽那裡聽說，原來這個「泥鍋頂兒」是個真正的愛國烈士。在南京保衛戰中，眼見南京的中華門被日本人毀了，他氣不過，弄了一包炸藥，把日本人的臨時駐防處給炸了。他也因為中了日本人的槍死了，屍體被同鄉人一路抬回徐州。

後來，我和我妹妹談起這件事，覺得應該為他申請進入忠烈祠。上個月，我妹妹真的辦成了這件事情，讓他的名字進了忠烈祠。雖然離「泥鍋頂兒」殉難，已經有八十一年了，但總算盡了我們的心意。聽說大陸也發了烈士證給他。

有機會的話，我還想去看看「泥鍋頂兒」的家人，以前聽人說，他兒子小時候只見過爸爸一次，就是他爸爸的屍體運回來家的時候。那時他只是個三歲小娃，大人拉著不讓他過去看。

除了南林村，您還去過什麼地方？

後來跟母親逃難到臺灣前，去過柳州和廣州。我把這兩個地方視為「兒時生命裡的撿來的兩座城市」，是我糊里糊塗就「擁有」的。

柳州真是很美的地方，有山有水。不像南京那麼繁華，卻更看得見江南之美。我在那裡上小學三年級，是記憶中很特別的地方，

去柳州，完全是因為我的一句話。那時候，家人已經準備去臺灣去了。我爸爸在軍隊裡，顧不上我們，全靠我媽拿主意。我媽的意思是想從南京直接到臺灣，但也想再觀望一下，看看有沒有機會挽回戰局。我媽有個迷信：相信上天的旨意，往往會藉一個小孩的口裡說出來。戰況緊急的時候，我媽媽很惶恐，跑來問我，該直接去臺灣，還是先去柳州？我那時在小學課本上知道臺灣有香蕉、大甲蓆什麼的，我想，臺灣我已經知道是什麼樣子了，那麼柳州又是什麼樣子啊？我很好奇，想去遊歷一下，就跟媽媽說去柳州。

於是，媽媽就帶著我和三個妹妹到了柳州，之後又從柳州到了廣州，等著去臺灣。我妹妹那時才幾個月大，讓大人抱著跑。我也不懂得害怕，倒是覺得好玩。我們在廣州等船去臺灣，廣州比柳州更南。我在那裡第一次見到鳳凰木，覺得怎麼可以有花這麼紅，芒果這麼香？整個經驗是新奇有趣的。

因為我的一句話，我就多了柳州和廣州兩個城市的記憶。尤其是兵荒馬亂，人心惶惶的時候，回想起來，還覺得不可思議。

我有一個舅舅更誇張，他小時候說：「我最喜歡逃難了。」因為逃難的時候，天天跑

來跑去，在外面上館子吃飯，手頭也比較鬆，不像在老家沒什麼新鮮事兒。我母親娘家很富裕，抗戰的時候，因為外婆一見日機投彈便會全身發抖，外公就去上海的「法國租界」租了一棟樓，讓外婆和全家搬去住（因為是租界，日本人不得在此投彈）。我依稀記得母親口中那條路的名字，唸起來好像是「福黎里路」。現在大概已經改了名字，不知道是哪條街了。上海五光十色，難怪我舅舅小時候會說出「喜歡逃難」的怪話。

您曾說，您在臺灣也「擁有」兩個城市：臺北和屏東，一北一南。

每個人的生活裡，如果能有兩個城市，應該比較有意思。對我來說，臺北是個「父親城市」，提供我求學和發展的機會；屏東卻是「母親城市」，雖然不常回來，卻永遠留在心底。

升初三那年，我隨父母從臺北搬家到屏東。初到屏東，我是有點悲傷的。每次想起臺北，都有些捨不得。南部比較少文化活動，臺北卻有大量各種各樣的活動。比如放學從北一女回家，路上先經過重慶南路，然後才到火車站搭車。那條街一路上都是書店文具行，可以看見各種各樣的東西。還有新公園附近有博物館，可以隨時進去看看，在屏東就沒有這個機會了。

那時南部家境好些的人家，可能會把孩子送到臺北參加中學考試，考上了，就在臺北租個房子讓孩子就學。而我的情況相反，那時候我已經上了兩年北一女，初中二年級以後，因父親調職而「下鄉」，轉學到屏東女中，高中也上屏東女中，直到上大學，才又回臺北。

但轉學到屏東女中以後，升學的壓力忽然沒有了（因為同學沒有人覺得大學非讀不可），讓我有時間跟南臺灣的生活親近接觸。我們在屏東的家，雖是眷村房子，但房子和院子都比較大，不像在臺北那樣小小的。左右鄰居也都各有大院子，很安靜。在屏東，我很快就學會了臺語。並沒有特別去學，就是跟同學在一起，不知不覺就學會了。也許我本來就對語言有興趣。四十歲以後我去了香港半年，粵語和臺語是「姐妹語」，我因此也很快地學會了廣東話。說臺灣話，我能從中國傳統的語言學、聲韻學的角度，明白它的來由。可惜後來回到臺北上大學，我的臺語就退步了，只有上菜市場的時候才用得上。

但在屏東上中學，放學回家的路上，我發現了「美新處」（美國新聞處）。那裡未必有定期活動，但有一本雜誌，叫《今日世界》，上面有一些奇奇怪怪的東西，我覺得很有興趣，比如每期都有人寫一些美食的文章，我覺得很好玩。心想，怎麼會有人寫這麼家常的東西。記得有一個叫高寶的人畫的插圖，我也覺得有趣極了。那時，《今日世界》有自己的出版社，支持翻譯作品，陸陸續續出版了《白鯨記》，《大亨小傳》這些著名美國小說。有時也舉辦歌劇欣賞，其實就是放唱片給我們聽。屏東不太容易聽到這些，所以我常去，也慢慢養成了喜歡戲劇的愛好。

我的家人都喜歡戲劇。以前，我媽媽尤其愛看這些。小時候也不太懂，但跟著大人看，就記住了。抗戰時期，我和母親在重慶，沒什麼戲可看。抗戰結束到了南京，就有些好玩好看的東西。記得我五、六歲的時候，在南京看《四郎探母》，印象很深。楊四郎要跟公主說他生命裡很重要的往事，沒想到公主聽著聽著，就給孩子把起尿來。楊四郎懊惱說，我們說著話，你怎麼讓孩子當場噓噓撒尿呢？公主說，難道我們說著這些事，就能攔著我孩子不讓他撒尿嗎？也許楊四郎的家庭故事很悲慘，家破人亡，誰誰怎麼死的，但現實生活卻是很瑣碎的，比如兒子、他就是要撒尿，你能怎麼辦呢？生命是這樣的，不見得有很大的意義，但也許它的意義就在瑣碎的小事裡。

我兒子也特別喜歡歌劇，會自己花錢去找不同的歌劇版本來聽。他讀大學前，到成功嶺受訓，不能聽唱片，懇親會時我們只好拎著錄音機，帶著唱片，從臺北跑到臺中，然後到軍營，只為了讓他享受一下《杜蘭朵公主》。

您文章裡，提到過屏東家院子裡，有一棵芒果樹。多年之後回去，還覺得它是個多年的好朋友。

現在臺灣的眷村房子大部分都拆了，我家因為比較大就被保留下來。但老房子需要維修照顧，政府的辦法，就是開放「認養」。認養者可以在那裡做點生意，開咖啡店什麼的。最近，聽說有一個年輕朋友去申請認養，也剛批准了。也許他會在那裡賣點咖啡，開書店什麼的。這個房子政府已經收回去了，不歸我所有，但我從十三歲搬進那裡，直到上大學才離開，當然有些感情。也難免擔心這個年輕人，萬一他賺不到足夠付市府的租金，怎麼辦呢？

您回到臺北上大學，開始積極寫作？

那時一般寫稿人主要的發表園地是《中央日報》的副刊，我寫的是短散文，稿費也不多。記得當時有一個作者，是文大的學生，他經常坐在某雜誌社裡寫稿，邊寫邊問主編，這些字數可以賺多少錢？如果夠學費了，他就停筆不寫了。他其實很有才華，但他一有錢就不寫了。我不是這樣，我下決心不為錢寫作。

當時有個《爾雅》出版社的隱地先生，找了十個文壇上的新手，跟文星出版社說，希望能出版張曉風，楊牧等人的合集。還有余光中先生幫忙想了一句廣告詞，叫「九個青青的名字」。青青就是青澀的意思。這對我是很大的鼓舞。哦，本來「十個」，怎麼變成「九個」呢？因為有一個人，文星老板沒看上眼，那人是林懷民，蕭老板嫌他太小太嫩，他說：「我們出書，對象是大學生，他是個中學生，那怎麼行！」

校園裡的文藝刊物不多，多半都辦著辦著就沒了下文。我在東吳的大學同學黃永武辦過一個《大學詩刊》，時間不長，但鼓勵了很多喜歡寫作的人。記得一個學弟也在這個刊物上投稿，後來做了東吳的系主任。還有另一個，做了院長。

五、六〇年代後的臺灣文壇，是什麼樣的呢？

那個時代的大眾媒體就是雜誌、報刊和廣播。寫作的園地雖然少，但對藝文活動有興趣的人還是很多。以寫作謀生的作家，幾乎都要寫些比較通俗性的文字，來迎合市場。此外，還有不少大陸來臺的家庭主婦和軍人投入寫作，這大概是五千年歷史上沒有的事。一方面是個人興趣，一方面也可以賺稿費，貼補日常開支。軍中出過不少優秀的詩人和散文家，不能小看這個業餘的群體。

《中央日報》副刊是作家們主要的發表園地，編輯孫如陵先生很用心經營，版面不大，刊出的字數也不多。那個時代，如果有人在《中央日報》上發表作品，就是件風光的事。除了《中央日報》外，還有其他純文藝性和綜合性的雜誌。文藝性的有《野風》，封面是一個女孩子的剪影，手扶著草帽，好像隨時會被風吹走的樣子。綜合性的雜誌有《拾穗》，封面是米勒的作品，由中國石油公司出資，資金較寬裕，辦的時間也比較久。

您曾說過一句話：「那些年，文學是暗夜裡的一把火炬。」

那個時代，可以說是文化碰撞和斷裂的時代。三十年代大陸左翼傾向的作品多半被禁，不單是魯迅，很多代表性作家的作品都不能閱讀。余光中先生在五〇年代寫過一篇文章，叫〈降五四的半旗！〉主張：不要再走五四的老路了，古人的文言文和傳統文字裡有很多好東西，能存留下來一定有它的道理，是經過長時間的洗鍊後，留下的精華。既然政府不讓大家看，五四文學中也良莠不齊，不如重振對古文和傳統文學的信心。我是在這種環境下成長的，因念的是中文系，對古典文學的涉略比較深，非常受益。

那時候很多文藝活動，都是憑著文藝界人的一股傻勁，沒錢，沒關係，一切因陋就簡。活動卻辦得火熱火熱的。回想起來，一九四九年到一九六〇年間，是個非常簡單的年代，生活裡可追尋的東西不多，可以投注心力的，好像就是文學了。但比較是「純文學」，「鄉土文學」是後來另一批人的想法了。

像我這樣在大陸出生，小小年紀隨父母到臺灣的作家，我給了我們一個名字，叫「一代半」。他們不屬於第一代移民，也不算第二代，夾在中間，有中文的底子，也有不同程度的大陸記憶。「一代半」的作家群裡，白先勇算是最具代表性的一個。

本省籍的臺灣作家裡，也有「一代半」的作家。比如，他們的祖父輩也許認同中國文化，父親輩卻參加過日本人發動的戰役，效忠天皇。「一代半的日本殖民臺籍作家」，夾在祖輩和父輩之間，也許有混淆甚或受傷的感覺。黃春明應該算是這個群體的代表。

有關散文

您說：「散文是反應在某一個時刻的觸動，需要一個比一般人更敏銳的心靈。」作為一個作家，學者，知識分子，和社會行動家，您在社會文化變遷的環境裡，如何自處？

也許是因為我有宗教信仰，總能保持審慎樂觀的心情。我相信，只要有所堅持，最後還是會看見成果。因為這個信念，我總是盡力維護中國文字的價值。它是如此的強大，我認為除非你澈底把漢字世界整個消滅掉，否則它將無處不在。我很有信心。目前能挽回多少就挽回多少。

我寫的書，在大陸的銷售還不錯。每年都要去簽書。我想讓大陸同胞看到，在臺灣的這些人很多都是「好樣兒」的，對學問和藝術是認真的，是好好做人做事的人。

以前，他們的文學是以為政治服務為目的，比較生硬，看見我的文字能跟古文跟美結合很驚奇，以為是另一種寫法。他們的認同，對我是很大的鼓舞。

我覺得我們做學問，是要把自己文化裡的「好」找出來。自家的傳家寶，都不屑一顧，是很可惜的。我們逃難到臺灣，難得有好幾十年的安定，可以好好想想文化上的問題。現在臺灣所謂的「政府」，卻似乎要讓大家越少知道歷史文化越好。然後，年輕人也就真的什麼都不知道了。身為中國人，自家的東西總要說得清楚，說出個道理來吧。

人的一生就是那麼幾十年，總要盡力珍惜，把自己認定是重要的事情做好。

您是「搶救國文教育聯盟」副召集人，對「國語文教學」有強烈的「使命感」。您曾說，「走入二十一世紀，人類只關注金融危機，但我憂心的卻是另一個『經溶』危機，經典慢慢被溶融掉的悲劇。」

那時，我剛動了大腸癌手術，我也不管自己的身家性命，便追隨余光中先生參與這個聯盟。這總比我一個人強大一點。但這個單位因為正召集人余先生去世，政府當局又力主「去中國化」而消亡了。沒有組織，沒有同伴，我就一個人獨拚吧。

您也曾說：「一個出生在民國時代的文人，宜乎有兩漢的正大，魏晉南北朝的渾厚和細緻，加上盛唐的富麗，宋元的民間通俗和明清的流粲，再加上來自西方的幽默自在。」這是您對「民國文人」的期許？

我們不要否定古人的什麼，再來肯定自己。要容納古人，要相信這一切是家裡的好東西。有一次我訪問畫家朱德群，他在法國挺有成就，他說，如果你覺得古人的東西很沉重，是個包袱，那其實是因為你自己力氣小，扛不起啊！所以不要怪古人。有本事，包袱拎了就走。那麼，裡面的東西就會是你的了。

最近我需要為一本書寫一篇序文。我想到一個典故，是唐朝的隱者張志和的故事。他和陸羽同時代，陸羽因見他隱居，怕他跟人世太隔離了，便問他：「你都跟些什麼人來往呀？」他卻回答：「『來往』嗎？我跟所有的人都來往，沒跟哪個不來往。我們一同住在天地太虛之中，每當闃黑的暗夜，我們共同以明月為燃燭，我和世人實在是一直處在一起的啊！既然在一起，還說什麼跟誰來往或不來往呢？我們腳下是共踩的大地，頭上有共用的光源，我從來都沒有不跟你們各位不在一起啊！」張志和說的是「空間」，他認為只要

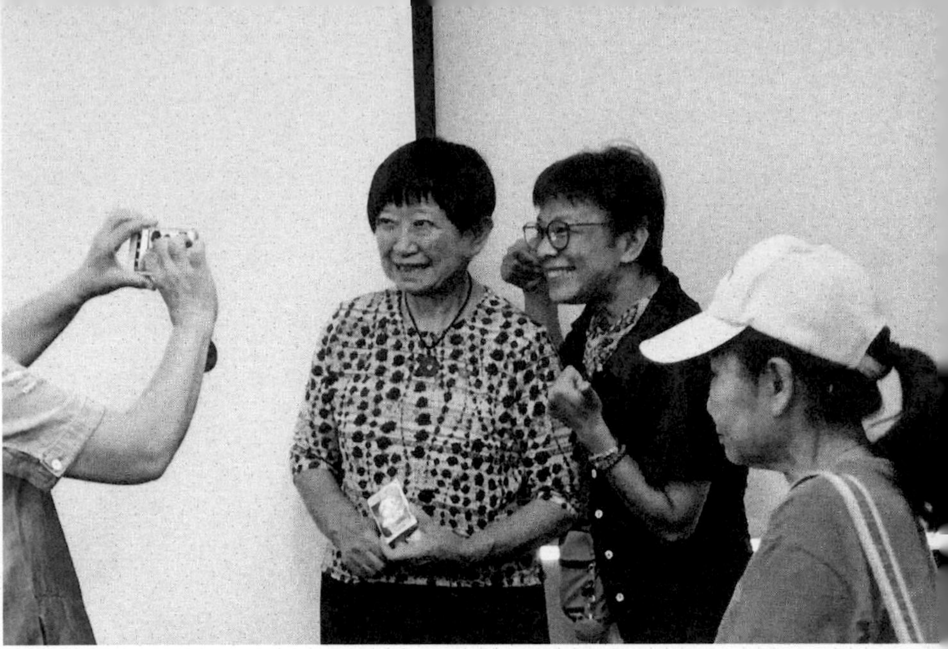

換一個想法，空間就不是人跟人的障礙。而我認為，其實「時間」亦然，我們的時代好像跟古人隔離了很久，但其實距離也可以說不是那麼大。因為只要你有一些古典文學的底子，那就從來「沒有不和古人不在一塊兒」。

唐吉訶德的侍從

儘管散文寫作是您長期專注的活動，但您也說：「我是一個隨時都可以不寫的人。」您給自己取了「可叵」這個筆名，意思是「吾無可無不可」。您同時又給自己取了「桑科」的筆名，意思是「朝著理想向前衝的傻子」。

我從來沒有想做「救星」的大志，卻喜歡讓自己是一個「緊急待命」的人，隨時能說「我在，我在，我在這裡」。臺灣有很多不公平的事，我們不知道怎麼彌補，但也不能就此不顧，還是得儘量做。我自認是個小人物，所以沒敢取名叫「唐吉訶德」，只叫「桑科」。桑科是唐吉訶德的侍從。

您也很關注泰北的難民。

是的。有一次我在泰北美斯樂，看見一個十五、六歲的小孩，在山上亭子裡拿著一本書在讀，他是從緬甸跑到美斯樂來「留學」的。美斯樂的環境比較落後，沒有什麼醫療設施。他為什麼要到這裡來讀書呢？就是因為這裡有中文小學，在這裡讀書的小孩，以後可以有優先權到臺灣去讀書。當年華人在美斯樂算是非法居留，在難民村接受一段華文教育之後，有個辦法可以安排他們進入臺灣唸書，就是從美斯樂上飛機，飛曼谷，到了曼谷以非法身分，算是被驅逐出境，然後立刻被接上另一班飛機，直飛臺灣。這樣一來，這個十五、六歲的孩子就可以到臺灣去。這，可能就是這個孩子的最好前程了。

前幾年我還特別再去了一趟。以前我在那裡認識的老人家，很多都去世了。我那時候得了癌症，剛痊癒，感覺以後也許不會有很多機會，所以就去了。果然我見到的人，不久後也死了。唯一安慰的是，現在這些華人不再是「非法移民」了，因為他們的特殊貢獻，泰王特准他們可以擁有泰國國籍。

我自己卻有點「不知老之將至」。做事常常並沒有什麼規劃，只要心有所動，想做就去做了。

如果不當作家，您會選擇做什麼呢？

我比較羨慕舞臺上的人，但我不愛表演，也許可以做個靜態說書人。但現在這個時代，要靠說書活下去，可能不成，沒有市場，活不下去。所以，我想穿越，回到古代當說書人，但古代女人家不方便走江湖去闖蕩，所以，還真有點費思量呢！

二〇一八、九、十一　臺北

釀時代20　PC0850

她們的時代：
民國女子訪談錄

作　　者　明鳳英
責任編輯　徐佑驊
圖文排版　周怡辰
封面設計　劉肇昇

出版策劃　釀出版
製作發行　秀威資訊科技股份有限公司
114 台北市內湖區瑞光路76巷65號1樓
電話：+886-2-2796-3638　傳真：+886-2-2796-1377
服務信箱：service@showwe.com.tw
http://www.showwe.com.tw
郵政劃撥　19563868　戶名：秀威資訊科技股份有限公司
展售門市　國家書店【松江門市】
104 台北市中山區松江路209號1樓
電話：+886-2-2518-0207　傳真：+886-2-2518-0778
網路訂購　秀威網路書店：https://store.showwe.tw
國家網路書店：https://www.govbooks.com.tw
法律顧問　毛國樑　律師
總 經 銷　聯合發行股份有限公司
231新北市新店區寶橋路235巷6弄6號4F
電話：+886-2-2917-8022　傳真：+886-2-2915-6275

出版日期　2020年1月　BOD一版
定　　價　380元

國家圖書館出版品預行編目

她們的時代：民國女子訪談錄 / 明鳳英著. --
一版. -- 臺北市：釀出版, 2020.01
面； 公分. --（釀時代；20）
BOD版
ISBN 978-986-445-376-4（平裝）

1.作家 2.女性傳記 3.訪談 4.臺灣

783.3886 108022951

讀者回函卡

感謝您購買本書，為提升服務品質，請填妥以下資料，將讀者回函卡直接寄回或傳真本公司，收到您的寶貴意見後，我們會收藏記錄及檢討，謝謝！如您需要了解本公司最新出版書目、購書優惠或企劃活動，歡迎您上網查詢或下載相關資料：http:// www.showwe.com.tw

您購買的書名：________________________________

出生日期：________年________月________日

學歷：□高中（含）以下　□大專　□研究所（含）以上

職業：□製造業　□金融業　□資訊業　□軍警　□傳播業　□自由業

□服務業　□公務員　□教職　□學生　□家管　□其它______

購書地點：□網路書店　□實體書店　□書展　□郵購　□贈閱　□其他

您從何得知本書的消息？

□網路書店　□實體書店　□網路搜尋　□電子報　□書訊　□雜誌

□傳播媒體　□親友推薦　□網站推薦　□部落格　□其他________

您對本書的評價：（請填代號　1.非常滿意　2.滿意　3.尚可　4.再改進）

封面設計____　版面編排____　內容____　文／譯筆____　價格____

讀完書後您覺得：

□很有收穫　□有收穫　□收穫不多　□沒收穫

對我們的建議：________________________________

____

____

____

請貼
郵票

11466
台北市內湖區瑞光路 76 巷 65 號 1 樓
秀威資訊科技股份有限公司 收
BOD 數位出版事業部

（請沿線對折寄回，謝謝！）

姓　名：________________ 年齡：________ 性別：□女　□男

郵遞區號：□□□□□

地　址：____

聯絡電話：(日) ________________ (夜) ________________

E-mail：____